懐かしい「昭和の時代」にタイムトリップ！

発掘写真で訪ねる

都電が走った 東京アルバム

【第2巻】
（6系統〜10系統）

三好好三

日比谷、数寄屋橋を経て銀座四丁目の交差点を築地に進む⑧系統の1200形戦災復旧車
背景は三越銀座店。中央通り（銀座通り）を行き交う国際興業バスや都電の姿が見える。1200形は1000、1100形に続いて大正期の木造高床車を小型半鋼製高床車に改造した車両で、1936〜42（昭和11〜17）年に1201〜1309が登場した。戦災で多数を焼失したため、1948（昭和23）年に残存車を1201〜1264号車に、戦災復旧車を1265〜1289号車にまとめた。従って写真の1283号車は戦災復旧車のうちの1両なのだが、優れた再生技法により被災の面影は全く見られない。方向幕の「築地」が見づらいのは、バスと共に布地の巻取り式時代にはよく見かけた光景だった。1964東京オリンピック開催間近につき、国旗と都章旗を掲出している。◎銀座四丁目　1964（昭和39）年10月3日　撮影：小川峯生

.....Contents

塗色変更過渡期の⑦系統青緑／クリームの1200形左と、㉝系統クリーム／えんじ帯の1200形右
四谷三丁目停留場付近の光景で、左はそれまでの緑／黄から1957（昭和32）年度から変更となった青緑／クリームの塗分け、右は1959（昭和34）年度から変更となったクリーム／えんじ帯の塗分けである。戦前の張上げ屋根（坊主頭）車の代表だったダンディな1200形にはどちらも似合っていた。左が品川駅前から到着した電車、右がこれから浜松町一丁目へ向う電車である。
◎四谷三丁目　1960（昭和35）年４月18日　撮影：小川峯生

都電6系統の路線図（1967年）

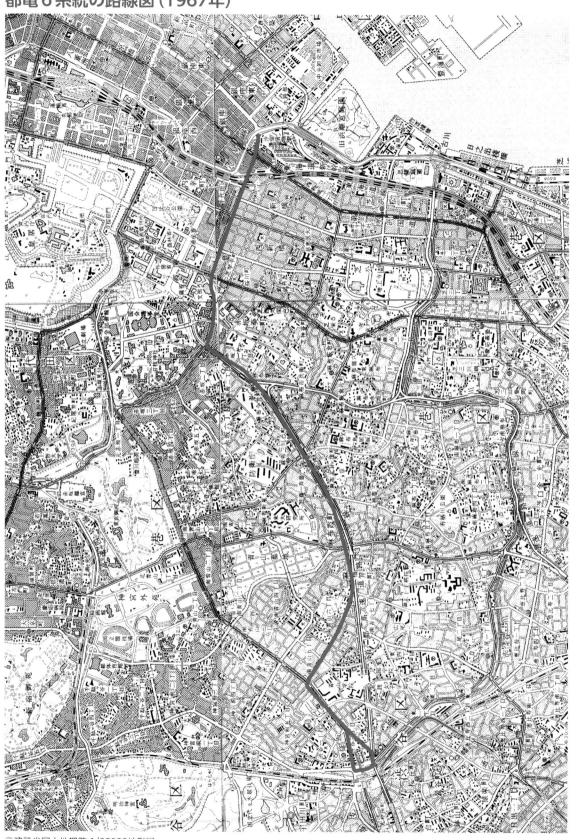

◎建設省国土地理院 1/25000地形図

6系統
（渋谷駅前～汐留）

◎渋谷駅前　1963（昭和38）年7月18日　撮影：日暮昭彦

⑥系統（渋谷駅前〜汐留）

【担当：青山（営）　営業キロ数：渋谷駅前〜新橋間6.5km　廃止：1967（昭和42）年12月10日】

⑥系統（渋谷駅前〜汐留）は青山地区、六本木、溜池、虎ノ門を経由して晴海通りに面した三原橋に至る路線だったが、戦中に短縮されて汐留止りとなり、さらに交通事情の悪化により新橋が終着となっていた。元々通勤通学客、ビジネス客の多い系統だったが、1970年代以降は、住宅地だった六本木の大発展によって利用客がさらに増え、黄金時代を迎えていた。1963（昭和38）年10月の⑨系統（渋谷駅前〜浜町中ノ橋）の部分廃止に際しては、当系統の六本木〜虎ノ門間に⑨系統を迂回運転させる措置がとられた。しかし⑥系統自体も1967（昭和42）年12月10日に廃止となった。

停留場 1962（昭和37）年当時

渋谷駅前・青山六丁目・青山車庫前・青山南町・高樹町・霞町・材木町・六本木・今井町・福吉町・溜池・虎ノ門・南佐久間町・田村町一丁目・新橋・汐留

ほぼ原形時代の渋谷駅前と⑥系統の6000形

戦前までの渋谷駅西口（現・ハチ公口）前には広場がなく、改札口と密集飲食店の間に市電（都電）の乗り場があった。戦中に強制立退きで広場や道路用地を確保したが、戦災により渋谷の街は灰燼に帰した。戦後は闇市とバラック商店街でいち早く復興し、街づくりが進んだ。写真の左手はすぐ山手線渋谷駅の改札口で、ハチ公が帰らぬご主人を待ち続けた場所である。奥の横長の建物は旧玉電ビル（現・東急百貨店東横店西館）で、2階が東急玉川線乗り場、3階が地下鉄銀座線の乗り場。その右の3階建ての小さなビルは山一證券㈱の支店で、商業地域だった現在のスクランブル交差点の東南角にあったが戦災にも焼け残り、1949（昭和24）年に写真の位置まで牽引移動したもの（後に解体）。都電終点の線路が一部玉電ビルの中に入り込んでいるのは、昭和初期まで玉電（東急玉川線）と線路が接続していた名残である。1957（昭和32）年3月に都電ターミナルは戦前からの都市計画に基づいて、東口の明治通りに面した東急文化会館（改築後はヒカリエ）前に移転した。◎渋谷駅前　1951（昭和26）年1月4日　所蔵：フォト・パブリッシング

東口の新ターミナルはループ線区間に新設、
そこへ進入する⑥系統の6000形と、
渋谷駅前から発車した㉞系統の8000形

1957（昭和32）年3月末以降、⑥（渋谷駅〜汐留）、⑨（渋谷駅〜浜町中ノ橋）、⑩（渋谷駅〜須田町）の各系統は、国道246号線（青山通り）からバイパス相当の金王坂（こんのうざか）を単線で下ってきて新しい都電ターミナルに入り、246号の宮益坂を単線で上って合流するようになった。金王坂が合流する246号バイパスの坂は工事中で未舗装だったが、完成後は六本木通りの一部になった。正面は渋谷警察署。渋谷駅前から金杉橋に向う㉞系統の8000形㉔は、旧玉電が建設した路線上を走行中。新ターミナルでも線路はつながっていなかった。現在この場所は首都高速3号渋谷線と横断歩道が頭上を通り、246号バイパスが山手線を潜って南口へ抜け、一帯には高層ビルが林立している。◎渋谷駅前　1957（昭和32）年7月14日　撮影：小川峯生

渋谷駅西口の都電と街の展望
戦後のバラックの街からひとまず復興を遂げた時期で、渋谷はサラリーマンと学生でにぎわっていた。都電の渋谷駅前停留場は文字通り国鉄渋谷駅の改札口前にあり、乗降しやすかった。撮影当時は⑥系統（渋谷駅前〜汐留）、⑨系統（同〜築地／月島）、⑩系統（同〜須田町）の利用客で活気があった。電車線路を越えた所に忠犬ハチ公の銅像があり、待合せの名所になっていた。交差点を奥に進めば道玄坂、右に曲れば宮益坂。交差点は拡張されて現在のスクランブル交差点になった。都電は1957（昭和32）年に東口へ移転して西口からは姿を消した。
◎渋谷駅西口　1952（昭和27）年6月　写真提供：朝日新聞社

6～7ページ下の写真と同位置、9年後の景観　約9年後の1966（昭和41）年の同一地点での撮影である。都電の軌道敷は舗装されて立派になり、渋谷警察署も改装されて頭上には首都高速3号渋谷線が通っている。左の6000形の後を追ってきた⑥系統の7500形は1962（昭和37）年の新造車で、1964東京オリンピックを控えて青山車庫に20両が投入された。カラーは黄色／赤帯で、登場当時は強烈にして新鮮な色調だった。◎渋谷駅前　1966（昭和41）年8月7日　撮影：日暮昭彦

祝 新型クラウン発売

祝 新型クラウン発売 時田久栄助発売 木村昇

渋谷駅東口の都電ターミナルを見渡す　正面の高架橋は奥が地下鉄銀座線、手前の歩道橋は、左奥の渋谷駅と右奥の東急文化会館、および中間の都電停留場をつなぐ屋根付きの連絡橋。都電は右から順に、⑨浜町中ノ橋行き・⑩須田町行き共用の乗り場、⑥新橋行き専用の乗り場、㉞金杉橋行き専用の乗り場が並んでいた。最も乗降の多かったのが⑥で、常に数台が控えていたが、⑨⑩も団子状になることが多かった。左の㉞系統も本数は多かったが、⑥⑨⑩とは行先の方面が違うので独立した路線の扱いで、線路も他系統とはつながっていなかった。⑥⑨⑩は青山車庫の担当、㉞は広尾車庫の担当だった。このターミナルの地下は現在、東急東横線・東京メトロ副都心線の渋谷駅になっている。◎渋谷駅前　1967 (昭和42) 年　撮影：日暮昭彦

⑥**系統の乗り場から地下鉄銀座線を仰ぐ**　谷間の街・渋谷では、地形の関係から地下鉄銀座線（1938〔昭和13〕年、東横系の東京高速鉄道・渋谷～新橋間として開業）は高架線になっていて、山手線との交差地点（東急百貨店3階）に高架駅がある。電車は戦前製の車両が中間車化されて健在だった頃の姿である。都電のターミナルは明治通りを拡幅した"中の島"の部分に設けてあり、戦前の都市計画の中に含まれていた「ループ形式のターミナル」を実現したものとなっていた。
◎渋谷駅前　1967（昭和42）年　撮影：日暮昭彦

⑥系統の乗り場を発車した7500形　地下鉄銀座線のラーメン構造による高架支柱は、都電が潜ることを見越した設計になっており、電車の通行には何の支障もなかった。ただ、ターミナルは明治通りの中州に相当したので、横断する利用客用の信号付き平面交差箇所が設けられていた。そのため、都電は青山通りの宮益坂（国道246号線の旧道）に出るまでの短区間を最徐行で出発・進行していた。◎渋谷駅前　1967（昭和42）年10月　撮影：小川峯生

渋谷駅前から青山通りに出てきた⑥系統の6000形
左右に横切っている道路が明治通り、左のビルは東急百貨店東横店東館（再開発で2013〔平成25〕年3月に解体。跡地に高層ビルを建設中）、中央奥が山手線のガード、越えれば駅前の交差点（後のスクランブル交差点）。右の富士銀行（現・みずほ銀行）の裏側には渋谷川が流れ、東急百貨店東館の地下を暗渠で通り抜けていた。◎渋谷駅前　1959（昭和34）年12月　撮影：小川峯生

青山通りの宮益坂に進む⑥系統の8000形
直進が明治通り、横断しているのが青山通り（国道246号線旧道）で、交差点角に渋谷東映劇場が見える。右が宮益坂で、先行の
6000形が坂を上り始めている。左はガードを潜ると渋谷駅と駅前の交差点（後のスクランブル交差点）に出る。
◎渋谷駅前　1967（昭和42）年10月　撮影：日暮昭彦

宮益坂上からループ区間の金王坂に入り、渋谷駅前へ向う⑥系統の6000形
青山通り（国道246号線）を複線で進んできた都電⑥⑨⑩系統は、宮益坂と金王坂の分岐点で上下線が単線に分れ、金王坂〜渋谷駅前〜宮益坂のコースで分岐点に戻っていた。右の単線が渋谷駅前行き、左の単線が宮益坂に戻ってきた線である。背景の商店街に昆虫採集、昆虫標本の用品専門店「志賀昆虫」（志賀昆虫普及社）の看板が見える。昆虫マニアのメッカとして絶大な人気があった（現在は品川区に移転して通販専門）。この一帯も高層ビルによる画一化で、山の手らしい文教・商業地区が渾然一体となっていた頃の魅力は消えている。◎宮益坂上　1962（昭和37）年　撮影：日暮昭彦

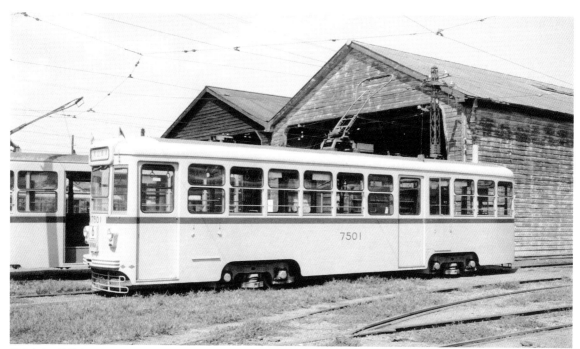

青山車庫で待機する当時最新の7500形　1964東京オリンピックに備えて1962（昭和37）年に日本車輌、新潟鉄工所で10両ずつ新製された当時最新の都電車両。全車青山車庫に配置され、⑥⑨⑩系統で均等に使われた。安価な軽量設計の8000形の6年後に再び7000形並みの正統派として登場したため、形式番号もその後継形式の7500形となった。鮮やかな濃黄／赤帯で登場し、好評だったので1966（昭和41）年度からは他形式もこの色への変更を開始した。7500形は都内線の廃止後も荒川線で長寿を保ち、ワンマン化改造、車体更新（車体新造）が行われて活躍を続けたが、老朽化により2008〜11（平成20〜23）年に順次廃車となった。
◎青山車庫　1963（昭和38）年9月19日　撮影：江本廣一

谷底の霞町(現・西麻布)交差点から笄坂(こうがいざか)を上り青山・渋谷方面に向う⑥系統の6000形
六本木通りから東京タワーがよく見える地点の一つだった。右は高級住宅地の高樹町(後の南青山七丁目)、左下は霞町交差点で⑦系統(四谷三丁目～品川駅前)と交差していた。この一帯の変貌は著しく、道路拡張と都電の廃止、首都高速3号渋谷線の建設によって写真の道路は高架下となり、さらに高層ビルが視界を遮って、東京タワーは全く見えなくなっている。◎霞町～高樹町間　撮影：小川峯生

谷間の今井町から六本木への市三坂(いちみざか)を上る渋谷駅前行き⑥系統の6000形
麻布の六本木一帯が住宅地だった頃の風景である。坂の名は、坂上が三河台町、坂下が市兵衛町だったので、「市三坂」となったもの。市兵衛町には作家の永井荷風(1879～1959、明治12年～昭和34年)が「偏奇館」(ペンキ館のもじり)という洋式の家に住んでいたことで知られるが、戦災焼失後は千葉県市川市に転居して麻布には戻らなかった。現在は道路拡張と都電の廃止、首都高速3号渋谷線の建設によって六本木通りは高架下となり、展望は利かなくなっている。
◎市三坂　1963(昭和38)年2月3日　撮影：小川峯生

地下鉄日比谷線の工事が行われていた頃の六本木交差点
1962（昭和37）年の六本木交差点。都電⑥系統（渋谷駅前〜新橋）と㉝系統（四谷三丁目〜浜松町一丁目）が交差する地点だったが、まだ六本木の街には住宅と小規模な商店街が広がっていて、特色はなかった。写真は溜池方向を望んだもので、左に㉝系統の1200形がちらっと見える。道路拡張に始まり、地下鉄日比谷線（北千住〜中目黒間）の建設工事が行われ、1964（昭和39）年8月29日に全通する。それでも六本木の街に大きな変化はなかったが、昭和40年代の後半から一気に様変わりして今の「六本木」の街が登場する。現在は高速道路が頭上を走り、高層ビルが増えて写真のような展望はきかない。◎六本木交差点　1962（昭和37）年5月30日　提供：朝日新聞社

高速道路の建設中、何度も線路を付替えていた⑥系統 首都高速3号渋谷線の建設が進むにつれて、その脇を走る都電の⑥系統は六本木〜今井町〜福吉町〜溜池間で線路の付替えを繰り返し、存在感が薄れていった。仮線姿のまま走り続けていたが、⑥系統は1967（昭和42）年12月10日に廃止となった。
◎今井町　1967（昭和42）年11月3日　撮影：小川峯生

⑥系統と③系統の分岐点だった溜池停留場

六本木通りが外堀通りに合流する地点が溜池交差点で、都電も③系統（品川駅～飯田橋）と⑥系統（渋谷駅～新橋）がここで合流し、虎ノ門までの1停留所間、線路を共用していた。写真の電車は六本木方面に曲る⑥系統の渋谷駅行き。右の経堂駅行きの東急バスは③系統の都電と共に直進し、赤坂見附、青山一丁目、渋谷駅前を経由して小田急線の経堂駅に向っていた。◎溜池 1967（昭和42）年11月3日 撮影：小川峯生

溜池交差点から外堀通りを新橋に向う⑥系統の7000形

前方が虎ノ門・新橋駅方面。溜池～虎ノ門間では③系統（品川駅～飯田橋）と重複するため、前方に元杉並線の2000形の姿も見える。中央奥が特許庁前交差点で、突当り左に三菱石油（現・新日本石油）の本社が見える。この地区の都電は撮影直後の1967（昭和42）年12月10日に廃止となった。右のバスは東京駅丸の内南口と小田急線の経堂駅を結んでいた東急バス。都営バスとの共運路線の一つで、1977（昭和52）年12月に廃止となった。◎溜池 1967（昭和42）年11月3日 撮影：小川峯生

外堀通りの虎ノ門と溜池の中間、特許庁前
交差点を渋谷駅に向う⑥系統の6000形
　左の白いビルは東京倶楽部ビル。英国に
倣った各界紳士の社交場で、2007（平成
19）年に高層ビル化している。旧ビル時代
はルフトハンザドイツ航空、アリタリア航
空などに低層階を賃貸していた。正面の三
菱石油（現・新日本石油）ビルの右には現在、
環状２号線（通称・新虎通り、マッカーサー
通り）が開通している。戦後のマ元帥の名
が残っているのは、右手奥にアメリカ大使
館があり、都心部中央との最短距離のコー
スだったため。左の京王バスは新橋駅〜下
高井戸の系統で、都営バスと共運の京王バ
ス新橋発着便３系統のうちの１本だった。
◎特許庁前交差点　1967（昭和42）年　撮
影：日暮昭彦

外堀通りから六本木通りに左折して
渋谷駅に向う⑥系統の6000形
右が虎ノ門方向、左が赤坂見附方向。電車
は左折して福吉町、今井町、六本木へと工
事中の高速道路の下や脇を進んでいた。
◎溜池　1967（昭和42）年11月3日　撮
影：小川峯生

外堀通りを虎ノ門から南佐久間町、田村町一丁目（現・西新橋一丁目）、新橋へと向う⑥系統の6000形

田村町一丁目で日比谷通りと交差すると終着の新橋まではあとわずか。⑥系統は渋谷〜新橋を結ぶ短絡線という性格は持っていたが、さほど目立つ幹線ではなかった。重視されるようになったのは1970年代初期からの六本木の発展によるもので、渋谷〜六本木〜赤坂〜田村町（現・西新橋）〜新橋という短絡ルートが見直された形だった。1967（昭和42）年12月の⑥系統廃止後も代替の都営バスのドル箱路線となった。写真の時期にはまだ奥に超高層の霞が関ビルの姿はなく、赤坂山王地区の緑が見えていた。
◎田村町一丁目　1962（昭和37）年9月14日　撮影：小川峯生

**完成に近づいてゆく霞が関ビルを背後に
新橋へ急ぐ⑥系統の7500形**
オフィス街としてビルの増設・改装が進ん
でいた西新橋一丁目（旧・田村町一丁目）か
ら遠望すると、霞が関ビルの高さが次第に
増してゆくのがよく見えた。◎西新橋一丁
目　1967（昭和42）年　撮影：小川峯生

次第に高くなる霞が関ビルを仰ぎつつ外堀通りを渋谷に向う⑥系統の6000形
霞が関ビルは我が国最初の超高層ビルとして1965（昭和40）年起工、1967年4月上棟、1968（昭和43）年4月12日にオープンし
た。都電と建設中の霞が関ビルを組合せた写真は多く残っているが、惜しいことに写真に登場する区間の都電はビル建設工事中の
1967（昭和42）年12月10日に廃止となったため、完成後の姿との組合せ写真は無い。◎虎ノ門　撮影：小川峯生

廃止当日の⑥系統新橋停留場と6000形
外堀通りが国鉄（ＪＲ）の山手線、京浜東北線、東海道本線（横須賀線を含む）、東海道新幹線のガードを潜り抜けた所が⑥系統の起終点の「新橋」だった。本来は中央通りを越えて汐留、さらに晴海通りの三原橋まで三十間川（1949年埋立て）に沿って走っていたのだが、三原橋は戦争末期に廃止、汐留も1960（昭和35）年に廃止となり、⑥系統はかなり後退していた。撮影の日は銀座・新橋に集まる①②③④⑤⑥⑧㊲㊵系統の運転最終日（㉒系統は短縮）だったが、銀座通りの①系統の大騒ぎなどに比べ、意外にひっそりしていたのは、沿線の青山や六本木がまだ発展前で地味な路線だったからだろう。◎新橋　1967（昭和42）年12月9日　撮影：荻原二郎

竣工を間近に控えた霞が関ビルの威容に向って進む⑥系統の6000形

我が国初の超高層ビルだけに、ほぼ完成してみると天を摩（ま）する楼閣がそこに聳えていた。高さ147ｍ、地上36階、地下3階。当初は36階に展望台があった。都電⑥系統は、ビル建設工事中の1967（昭和42）年12月10日に廃止となったため、ビル完成後の姿との組合せ写真は残っていない。◎西新橋一丁目〜虎ノ門　1967（昭和42）年11月8日　撮影：小川峯生

⑥⑨⑩系統を担当していた青山車庫は都電最大規模の営業所だった。広大な敷地には収容線が広がるほか、起伏に富んだ教習用のループ線が構内を一周していた。配属の車両は、戦前には木造の旧3000形で統一され、戦後は中期・後期製の美しい6000形が主体となっていた。世代交代で7000、8000形も導入されたが少数で、相変らず6000形の牙城となっていたが、1962（昭和37）年に東京オリンピックに備えて都内線最後の新車・7500形20両が入線し、青山庫の電車は一段と輝きを増した。押出しで6000形の一部が転出したものの、記録写真には6000形の姿も多く残っている。◎青山車庫　1959（昭和34）年12月16日　撮影：小川峯生

運転最終日を迎えた⑥系統渋谷駅前行きの7000形
六本木通りに完成した高速道路の下を渋谷駅前に向う。方向幕が「西麻布 渋谷駅」となっているのは、⑨系統(渋谷駅前～浜中ノ橋)が迂回運転により、青山一丁目～六本木～溜池のコースとなって重複したため、⑥は西麻布(旧・霞町)・六本木経由、⑨は青山一丁目・六本木経由であることを明確に示す必要があったため。撮影の日は⑥系統の運転最終日に当っていた。
◎福吉町　1967(昭和42)年12月9日　撮影：荻原二郎

都電7系統の路線図（1967年）

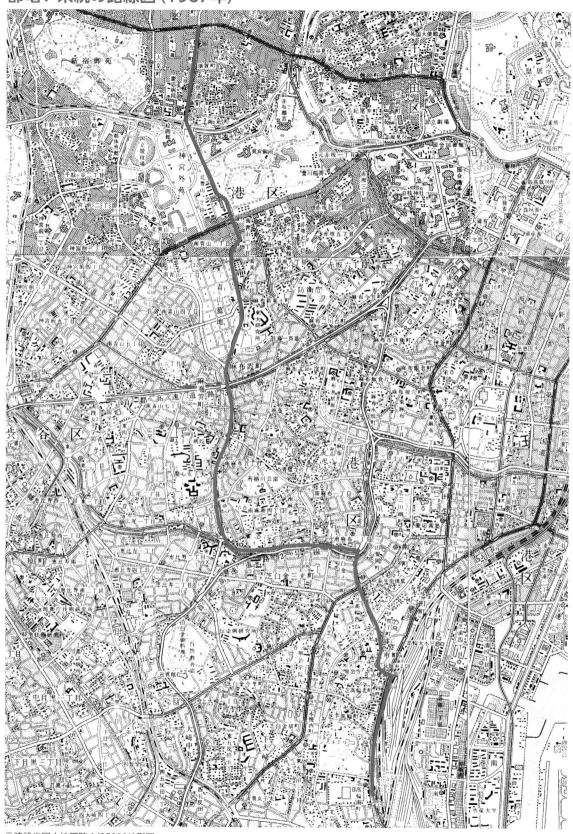

◎建設省国土地理院 1/25000地形図

7系統
（品川駅前〜四谷三丁目）

◎青山一丁目　1969（昭和44）年1月9日　撮影：荻原二郎

７系統（品川駅前〜四谷三丁目）

【担当：広尾（営）　営業キロ数：品川駅前〜四谷三丁目間8.3㎞　廃止：1969（昭和44）年10月26日】

　⑦系統は純然たる山の手の系統で、都心部へは顔を出さない生活路線だった。正式の起点は四谷三丁目（新宿通り。国道20号線）にあり、⑪系統（新宿駅前〜新佃島）、⑫系統（同〜両国駅前）とＴ字型に連絡していたが、乗入れ等はなかった。しかし1963（昭和38）年10月の⑩系統（渋谷駅前〜浜町中ノ橋）の部分廃止以後は、青山一丁目〜四谷三丁目〜四谷見附〜市ケ谷見附〜九段上間の迂回運転が開始され、直通電車が登場した。⑦系統は専用軌道区間の長い特異な路線だったが、末期には併用軌道化されていた。なお、本書では他系統との関連から品川駅前を起点として解説してある。この方が解りやすい系統なのである。

停留場 1962（昭和37）年当時 ·······

品川駅前　高輪北町　泉岳寺前　伊皿子　魚籃坂下　古川橋　四ノ橋　光林寺前　天現寺橋　広尾橋　赤十字病院下　霞町　墓地下　南町一丁目　青山一丁目　権田原　信濃町　左門町　四谷三丁目

泉岳寺前から伊皿子坂を上りつめ、魚籃坂（ぎょらんざか）を下って行く⑦系統の1200形
⑦系統のこの区間は起伏に富んでおり、都電でも有数の勾配連続区間だった。高輪・三田地区には古刹（こさつ）も多く、坂の途中の右側には魚籃坂のいわれとなった三田山水月院魚籃寺がある。中央奥の高台は麻布台で、撮影時にはまだ住宅地だったため緑が多かったが、現在はオフィスビルとマンションの林立で緑は失われ、向う正面には「六本木ヒルズ」が聳えている。
◎魚籃坂上　撮影：小川峯生

伊皿子坂を下り泉岳寺前の急カーブまで戻ってきた⑦系統の8000形
1967（昭和42）年12月10日に⑦系統は短縮により泉岳寺前が起終点になった。終着を目前に方向幕を「泉岳寺」から折返し先の「四谷三丁目」に変えて到着する8000形電車。急曲線の左奥が泉岳寺。現在は道沿いも泉岳寺の周辺も背の高いマンションに囲まれている。◎泉岳寺前　1969（昭和44）年6月14日　撮影：荻原二郎

魚籃坂を下って、魚籃坂下電停に到着の⑦系統8000形　線路は交差点でＴ字になっており、坂上からの直進が⑦系統（撮影時は泉岳寺前～四谷三丁目）、右から合流してくるのが④系統（五反田駅前～銀座二丁目）、⑤系統（目黒駅前～永代橋）だったが、両系統とも1967（昭和42）年12月10日に廃止になっていた。都電が頼りだった白金高輪地区の商店街と住宅地は不便になったが、差当りは代替の都営バスでしのいだ。電停右のガラス張りのビルは鉄道模型専門のカツミ模型店。多くの模型ファンが通った店だった（現在の本社は目黒区下目黒）。◎魚籃坂下　1969（昭和44）年6月14日　撮影：荻原二郎

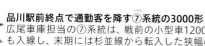

品川駅前終点で通勤客を降す⑦系統の3000形
広尾車庫担当の⑦系統は、戦前の小型車1200形が主力だった。しかし少数の3000、7000、8000形も入線し、末期には杉並線から転入した狭幅の2000形も活躍していた。品川駅は国道15号（第一京浜）に面しており、都電の乗車用安全地帯は駅前ホテルの前にあったが、泉岳寺寄りに設置の降車用安全地帯は簡素だった。商店、飲食店もほとんど無く、現在の品川駅周辺の隆盛ぶりは見られなかった。
◎品川駅前　1960（昭和35）年９月18日　撮影：小川峯生

品川駅前終点から折返し線へ回送される⑦系統の8000形

昭和40年代になると品川駅周辺にはホテルをはじめ、飲食店も増えてくる。ここでは降車場の安全地帯に乗客を降ろし、折返しポイントまで進む⑦の8000形の姿を示す。方向幕は「四谷三丁目」に切替え済み。撮影の翌日を最後に品川駅に発着する①系統（品川駅前〜上野駅前）、③系統（品川駅前〜飯田橋）が廃止になり、⑦系統は泉岳寺で折返しになって、品川駅前から都電の姿が消えた。右奥が品川駅前。◎1967（昭和42）年12月8日　撮影：髙井薫平

**品川駅前終点から折返し線へ回送される
⑦系統の7000形と③系統の2000形**
複線の線路は品川駅前から八ツ山橋（東海道、京浜東
北、山手の各線を乗越える道路橋）の方向に延びてお
り、末端部に折返し用のポイントがあった。背景のビ
ルは手前から京品ホテル、京浜急行電鉄本社ビル。道
路右手に京浜急行電鉄品川駅（高架上）、国鉄品川駅（地
平）がある。都電の乗り場の安全地帯は３系統分に対
応した長いものだった。◎品川駅前　1967（昭和42）
年12月３日　撮影：田尻弘行

第一京浜（国道15号線）の都電が廃止になり、
泉岳寺前で折返しとなった後の⑦系統8000形

上の１年前の写真と比べると、1967（昭和42）
年12月10日に品川駅前発着の都電①③は廃止
になり、⑦は泉岳寺交差点で折返しになった。
ここで線路は打切られ、第一京浜の線路も撤去
されている。反対に、都営地下鉄１号線（現・都
営浅草線）は1968（昭和43）年６月21日に大門
〜泉岳寺間が開通し、京急も品川〜泉岳寺間が
完成して都営・京成・京急の３者相互乗入れを
開始している。右角には祝賀の文字と開業した
泉岳寺駅の入口が見える。⑦系統は1969（昭和
44）年10月26日に廃止となった。◎泉岳寺前
1968（昭和43）年６月21日　撮影：小川峯生

泉岳寺前の分岐点から第一京浜に出て来る⑦系統の2000形

奥の突当り左に赤穂四十七士の墓が並ぶ泉岳寺がある。この地区の第一京浜国道は都営地下鉄1号線（現・地下鉄浅草線）の大門〜泉岳寺間と、京急延長線（品川駅〜泉岳寺駅）が工事中で、右角に「シールド工法」による掘削工事である旨の看板が出ている。都電の線路は国道左方向の品川駅前に向って接続していた。現在、当地にはマンションが林立しているが、JR山手線、京浜東北線の新駅「高輪ゲートウェイ駅」が2020（令和2）年に開業予定で、街の様相はさらに一変するはずだ。◎泉岳寺前 1967（昭和42）年10月28日 撮影：小川峯生

魚籃坂を上ってきた⑦系統の泉岳寺行き8000形
方向幕が「泉岳寺前」となっているのは、品川駅前～泉岳寺間が1967 (昭和42) 年12月10日に①系統 (品川駅前～上野駅前) ほかと共に廃止されたので、泉岳寺前が⑦系統の起終点になっていたためである。広尾車庫の担当で、小型車1200形が主力だったが、末期には中型車の2000、3000、6000、8000形の入線が増えていた。撮影場所は旧・伊皿子 (いさらご) 停留場だが、1968 (昭和43) 年の町名改正で高輪一丁目となり、味のある地名がまた一つ消えていった。奥の同栄信用金庫 (現・さわやか信用金庫) のビル前が魚籃坂下電停、手前の背後が泉岳寺方面。◎高輪一丁目　1969 (昭和44) 年10月24日　撮影：荻原二郎

魚籃坂下電停を発車した⑦系統の7000形　④⑤系統廃止後はめっきり寂しくなった「都電の街」魚籃坂下の風景。残った⑦系統も1969（昭和44）年10月26日に廃止となり、魚籃坂下から都電の姿が消えた。◎魚籃坂下　1969（昭和44）年9月　撮影：髙井薫平

魚籃坂下電停を発車した⑦系統の8000形左と、廃止された⑤系統代替の都バス右　魚籃坂下を通っていた④⑤系統は1967（昭和42）年12月10日に廃止になり、共に代替バスが走り始めた。方向幕を見ると、「505」「目黒駅-永代橋」とあり、都電と同一コースを走りだしたことがわかる。但し、系統番号は502→505→黒10（1972年）と変遷、路線も1978（昭和53）年11月に目黒駅前～東京駅南口に短縮、2000（平成12）年12月12日に路線廃止となった。城南から都心へ向う地下鉄網の建設が進んだため、利用減による廃止だった。◎魚籃坂下　1969（昭和44）年　撮影：日暮昭彦

古川橋に進む⑦系統の8000形　道路拡張と高速2号目黒線の工事でまだ混沌とした風景を残す古川橋交差点に進むと、⑦系統は一ノ橋（現・麻布十番）の方へは直進せず、左折して明治通りに入り、⑧（中目黒～築地）、㉞（渋谷駅前～金杉橋）と共に古川沿いに四ノ橋、光林寺前、天現寺橋方面へ向っていたが、撮影時点に⑧はすでに廃止になっていた。写真中央奥の「日本精工」（ロールベアリングのNSK）は、この当時はずっと同じ場所にあって街の変化を見つめていたが、現在は移転している。
◎古川橋　1969（昭和44）年9月　撮影：髙井薫平

区間便で古川橋行きとなった⑦系統の1200形
道路拡張前のこの付近の明治通り沿道には住宅と町工場、寺院などが並
び、緑も豊かだった。現在は高層のマンションが沿道を埋め尽し、古川沿
いには首都高速2号目黒線が頭上を覆っている。
◎光林寺前～天現寺橋間　1957 (昭和32) 年7月14日　撮影：小川峯生

古川橋方から天現寺橋付近に到着した⑦系統の7000形　道路拡張前の明治通り。春分の日を祝して車体四隅に国旗を掲出している都電が愛らしい。このあと1964東京オリンピックを控えて都内は道路の新設や大改修と、高速道路や地下鉄の建設により一気に街は変貌する。中でも天現寺橋、広尾橋の一帯は全く新しい市街地に生れ変り、昭和戦前から続いた東京郊外の商・工・住が渾然とした街の景観は完全に失われた。◎天現寺橋　1960（昭和35）年3月20日　撮影：小川峯生

拠点の一つ天現寺橋に到着した⑦系統の3000形

道路は明治通り。外苑西通りとの交差点である。現在は右の古川沿いの頭上に首都高速2号目黒線が通っており、沿道のビルも高層化しているので、このような光景は忘れ去られている。もっと遡ると、写真の手前側背後からは天現寺橋を渡り、恵比寿長者丸（現・恵比寿ガーデンプレイスの南側）に至る1.2kmの恵比寿支線（線内運転）が分岐していた。市営化以前に旧・東京電気鉄道が計画していた路線で、1913（大正2）年に一部併用軌道、一部専用軌道の盲腸支線として開業した。将来は目黒、池上、川崎方面への延長計画があり、山手線を越えて目黒区内に複線分の専用軌道用地が数ヵ所用意されていた。戦争末期の1944（昭和19）年5月5日に不要不急路線として廃止されたが、外苑西通りの天現寺橋の上には1960年代初期まで線路が残っていた。◎天現寺橋　撮影：小川峯生

天現寺橋から広尾橋へ向う⑦系統の8000形　高級商業施設や高層マンション、私立学校、各国の大使館が並ぶ現在の広尾からは想像しにくい光景だが、天現寺橋から西麻布方面に進む⑦系統の沿線は、至って庶民的な市街地が広がっていた。「外苑西通り」として整備される前には道路予定地の砂利（または仮舗装）の道に沿って、⑦系統は天現寺橋〜広尾橋〜赤十字病院下〜霞町（現・西麻布）〜墓地下〜南町一丁目（現・南青山一丁目）間が専用軌道になっていた。写真は現在の東京メトロ日比谷線・広尾駅前近くの風景である。◎広尾橋付近　1965（昭和40）年10月10日　撮影：小川峯生

広尾車庫で待機する⑦系統の7000形1次車7016　1954（昭和29）年に登場した7000形1次車30両は、側窓の大きいスマートな車体で人気を集めたが、前面が2枚窓で正面中央に窓柱があったため、乗務員には不評だった。1965（昭和40）年に一部を除き前面を3枚窓に改造して、スタイルも良くなった（写真）。広尾車庫の7000形は少数だったが、1967（昭和42）年からの本格的な路線廃止によって車両の移動が活発化し、広尾の7000形も増えた。7016号車は下町の錦糸堀車庫から転じてきたグループのうちの1両だった。◎広尾車庫　1967（昭和42）11月18日　撮影：江本廣一

専用軌道末期の霞町付近を四谷三丁目に向う⑦系統の1200形
外苑西通りとして整備が進む道路予定地の脇を、昔ながらの専用軌道が通っていた。線路に面していた民家もやがて建て替えや移転が行われ、ビル街へと姿を変えていった。◎霞町付近　1965（昭和40）年10月　撮影：小川峯生

専用軌道を青山一丁目方向へ進む
⑦系統の8000形
⑦系統は天現寺橋を出ると専用軌道となり、建設予定中の「外苑西通り」に沿って走っていた。その間の最初の停留場が赤十字病院下だった。左側高台に日本赤十字社病院（現・日本赤十字社医療センター）、聖心女子大学があるが、都電からはやや不便で、渋谷駅、恵比寿駅、目黒駅、品川駅からの都バスが便利だった。都電と並行する道路予定地は砂利道だったが、やがて舗装されて併用軌道となったものの、1969（昭和44）年10月26日に⑦系統が廃止となり、線路は撤去された。現在、外苑西通りの沿道には高層マンションが林立し、のどかだった風景は消えている。◎日赤病院下　1965（昭和40）年10月　撮影：小川峯生

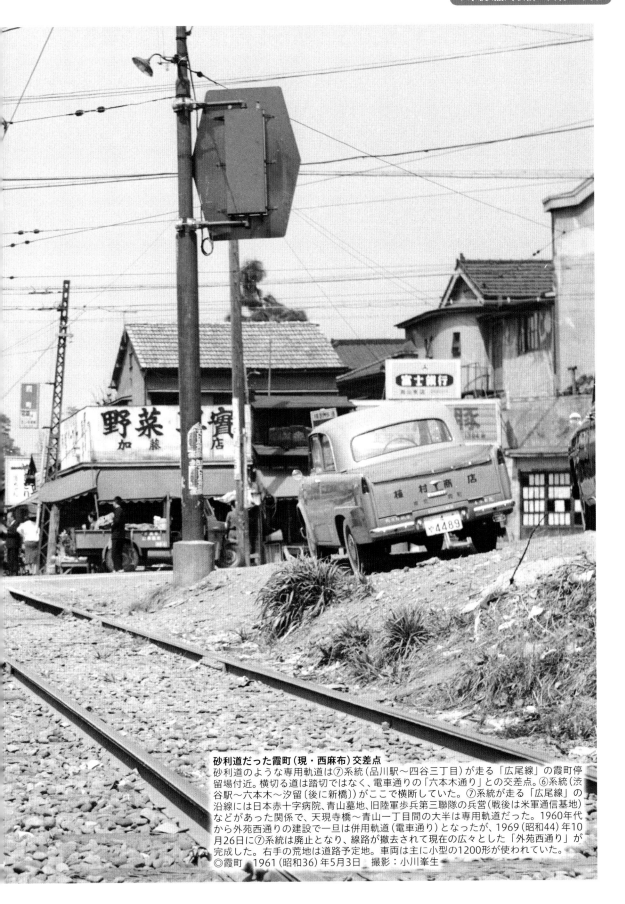

砂利道だった霞町（現・西麻布）交差点
砂利道のような専用軌道は⑦系統（品川駅～四谷三丁目）が走る「広尾線」の霞町停
留場付近。横切る道は踏切ではなく、電車通りの「六本木通り」との交差点。⑥系統（渋
谷駅～六本木～汐留〔後に新橋〕）がここで横断していた。⑦系統が走る「広尾線」の
沿線には日本赤十字病院、青山墓地、旧陸軍歩兵第三聯隊の兵営（戦後は米軍通信基地）
などがあった関係で、天現寺橋～青山一丁目間の大半は専用軌道だった。1960年代
から外苑西通りの建設で一旦は併用軌道（電車通り）となったが、1969（昭和44）年10
月26日に⑦系統は廃止となり、線路が撤去されて現在の広々とした「外苑西通り」が
完成した。右手の荒地は道路予定地。車両は主に小型の1200形が使われていた。
◎霞町　1961（昭和36）年5月3日　撮影：小川峯生

生活感あふれていた霞町（現・西麻布）電停付近　少しずつ街の風景も変化していったが、閑静な住宅地だった麻布の一方の顔・良き時代の庶民の暮しも残っていた。交差点の左側が高樹町、青山六丁目方面に向う笄坂（こうがいざか）、右側が六本木交差点方面に向う霞坂（かすみざか）で、この地点は二つの坂の谷底となっていた。◎霞町　撮影年月日不詳　撮影：小川峯生

専用軌道末期の霞町交差点を越えて
品川駅に向う⑦系統の1200形
1964東京オリンピックが終了後も東京山の手のインフラ整備は続き、外苑西通りも本格的な建設が開始された。霞町交差点周辺も道路建設のため立退きが進み、都電の廃止を見込んだ上での準備が急ピッチで行われた。◎霞町　1965（昭和40）年10月
撮影：小川峯生

墓地下〜霞町間を走る⑦系統の品川駅前行き1200形 ⑦系統の広尾線区間（青山一丁目〜天現寺橋）は都電の専用軌道区間の中ではよく整備されていて、山の手らしい風情があった。右手の線路に沿った道路予定地は場所によっては幅が狭く、途切れている箇所もあったので、やむなく軌道内を歩行する人も見られた。◎墓地下〜霞町間　1962（昭和37）年4月13日　撮影：小川峯生

青山墓地から見た⑦系統品川駅前行き1200形　手前は青山墓地東端部その奥に都電の専用軌道、米軍基地が見える。白い建物は旧麻布三聯隊の兵営跡で、米軍接収解除後は東京大学生産技術研究所が置かれていた。現在は一部を保存のうえ解体され、政策研究大学院大学（2005年開校）、国立新美術館（2007年開館）の建物が建っている。◎墓地下付近　撮影：小川峯生

墓地下～南一丁目（後の青山南町一丁目）間を品川駅前に向う⑦系統の1200形
専用軌道は草茫々。まだ両脇に仮設道路が建設される前の情景で、右が米軍の通信情報基地「ハーディー・バラックス」、左が青山墓地の東端部。場所がらヒトの立入れる雰囲気ではなかった。◎墓地下付近　撮影：小川峯生

青山墓地と米軍基地「ハーディー・バラックス」の間を縫って進む⑦系統品川駅前行き1200形
左側樹木の上が青山墓地、右の一帯が旧日本陸軍の歩兵第三聯隊の兵営跡地で、戦後は米陸軍の情報関係機関が接収していた。奥の建物は旧三聯隊の営舎。大震災にも耐えうる堅牢な建造物として知られていた。一部返還後は東京大学生産技術研究所として使用されていたが、改築後の現在、この地には新国立美術館、政策研究大学院大学が建っている。撮影当時、この一帯では都電の両脇に道路は無かった。◎墓地下付近　1958（昭和33）年4月4日　撮影：小川峯生

外苑西通りの建設準備が進み始めた当時の南町一丁目～墓地下間を進む⑦系統品川駅前行き1200形
59ページの写真と同位置の3年後の光景。専用軌道の両側には「外苑西通り」建設工事の一環として仮設道路が開通しており、米軍基地も若干バックして新しい柵に変っている。この付近も一旦は道（電車通り）に変っていった。
◎墓地下付近　1961（昭和36）年　撮影：小川峯生

天現寺橋～南町一丁目（現・南青山一丁目）間の併用軌道化完成後の⑦系統品川駅前行き2000形
都電⑦系統の専用軌道区間（天現寺橋～霞町〔現・西麻布〕～南町一丁目〔現・南青山一丁目〕間）は、戦後に並行道路が付いて一旦併用軌道（電車道り）になり、その後都電が廃止になって広い道路が残った。南から順に「外苑西通り」「環状3号線」（外苑西・東通り連絡区間。「墓地下」電停はこの区間内にある）および「外苑東通り」の一部として吸収され、道路名は分断されたが、南北を結ぶ重要な道路になっている。写真は電車通りに姿を変えた後の「墓地下」停留場の模様だが、専用軌道時代の面影はどこにも残っていない。1969（昭和44）年10月26日に⑦系統が廃止になって線路は撤去され、沿道はマンションが林立する街に変っていった。◎墓地下　1969（昭和44）年9月21日　撮影：小川峯生

外苑東通り建設に備えて細い仮道路が出来た頃の⑦系統品川駅前行き1200形
計画中の外苑東通りに線路を敷き、電車通りとする準備工事が進んでいた。ここは線路の両側に道路の無い区間だったが、右側の青山墓地、左側の米軍基地ともに用地を提供して、撮影時には線路両側に仮設の道路が通じていた。奥が赤十字下、霞町方面。
◎墓地下付近　1961（昭和36）年　撮影：小川峯生

東宮御所㊨、神宮外苑㊧の緑の中を信濃町、四谷三丁目方面に向う⑦系統の1200形　⑦系統は南町一丁目（後に南青山一丁目）〜青山一丁目（後に北青山一丁目）間で㉝系統（四谷三丁目〜浜松町一丁目）と合流し、2系統で青山一丁目交差点（国道246号線）を越えると権田原、信濃町へと進む。進行方向右側は赤坂御用地、東宮御所、明治記念館があり、左側は神宮外苑の森がある。都電でも有数の閑静な区間だった。写真は右手が神宮外苑、奥が青山一丁目（当時）方面、左手が明治記念館と東宮御所、手前側背後はすぐ信濃町駅だった。なお、1963（昭和38）年10月から⑩系統（渋谷駅〜須田町）の赤坂見附〜三宅坂〜九段上間が高速道路建設のため部分廃止になり、青山一丁目〜信濃町〜四谷三丁目〜四谷見附〜市ケ谷見附〜九段上間の迂回運転となったため、青山一丁目〜四谷三丁目間で⑦系統と重複することになった。◎信濃町付近　撮影：小川峯生

信濃町駅前で国鉄（後にＪＲ）中央線を乗越えて青山一丁目（現・北青山一丁目）方面に向う⑦系統の1200形
信濃町駅は1889（明治22）年に新宿〜立川間を開業した甲武鉄道の市街線新宿〜牛込（現・飯田橋駅西側）間が開通した1894（明治27）年10月9日に開業した古い駅である。1904（明治37）年に市街線の電車運転を開始、1905年に国有化されて現在の中央本線となった。当初から複線だったが、1932（昭和7）年に御茶ノ水〜中野間の複々線化が完成し、信濃町駅は緩行線の駅となった。都電⑦系統の方は、市営化前の1906（明治39）年に天現寺橋〜信濃町（初代）間が東京電気鉄道の手で開通し、3社合併後の1907年に東京鉄道の手で信濃町（二代）〜塩町（しおちょう。後の四谷三丁目）間が全通した。切通しを通る中央線とは、市電（都電）唯一の専用軌道による鉄橋での交差となり、都電名所の一つとなっていた。◎信濃町　撮影：小川峯生

都電には循環路線がなかった

　都電に循環系統が無かったのは何故か。今になってそう思うことがある。そもそも徳川家康の江戸の都市計画は凝りに凝っていて、思い通りの行先にはすんなり到達できない城下町を作りあげた。今なら地下鉄大江戸線のように杓子型の循環路線も建設可能だが、路面を走る都電にとっては難しかった▼家康が考えた江戸の街の防備は、江戸城を中心にして蝸牛（かたつむり）の殻のような螺旋（らせん）状の道路を築き、渦と渦の間に放射状の道路を阿弥陀くじのように食違いに通せば、敵は江戸城に進攻するのに時間を要し、待ち構えていれば勝てるというものだった。それが原因で、維新後の東京の都市計画で何かと不都合が生じている▼その例は現在の千代田区、文京区、港区、新宿区内の国道、都道に残っている。山の手ではとにかくカーブが多く、それに武蔵野台地末端部に特有の谷間の坂が加わって、まっすぐに進める道路は少なかった。都電の黄金期なら交差点のポイントを増設すれば循環系統も作れたと思うが、すでに曲線や勾配を含む直線的な路線の組合せに慣れてしまった東京人には、循環系統はかえって煩わしく感じられたかも知れない▼循環系統の多かった路面電車と言えば、横浜市電、京都市電、神戸市電ということになるが、その路線網を見ると、横浜、神戸の場合はＡ町〜都心循環〜Ａ町、またはＢ町〜都心循環〜Ｃ町といった系統が主体で、その往復運転という例が多かった。京都の場合は街自体が碁盤目になっているので、自ずと循環系統が作りやすく、市民や観光客の動線を生み出す効果もあった▼都電は循環路線を作り出さなかったが、バスの方では戦後いち早く民営の帝産バスが官庁循環バスなるものを走らせていた。主要駅から霞が関や永田町、赤坂などを巡るもので、一部で重宝がられていたが、山手線内のバスは都営で…ということで都バスに移管されたものの、交通事情の悪化による利用減で廃止となった。東京駅から出る都営のマイクロ型のミニバスというのも登場したが、長続きしなかった▼都電も似たコースが作れたかも知れないが、都心部では交通事情や利用減などで割に合わなかったと思う。東京や大阪では路面電車は目的地に直行した方が喜ばれる存在だったようだ。都心部への地下鉄の充実には目覚ましいものがあるが、都心部を串刺しにした地下鉄と私鉄の相互直通運転による便利さが東京では実現し、大阪もそうなりつつある。地下鉄路線図を眺めると、かつての都電や市電の路線図にほぼ近づいていて、これ以上、路線は要らない、といわんばかりに密度が高くなっている。が、地下鉄の循環線を実現したのは名古屋市営名城線と都営大江戸線だけである▼地域の中規模クラスの循環運転は路線バスに多く、循環形式の一方通行で起点に戻って来る方式は地方自治体が運営するコミュニティバスに多い。都電も都心部以外にこの手の小規模な循環系統をいくつか作っていたら、人の流れを生み出して、あるいは延命が可能だったかも知れない。大塚、池袋、渋谷、新橋、上野、浅草、錦糸町の駅前を起終点にした小ぶりな循環系統など、ポイントの整備しだいで実現可能だったような気もするが、今となっては後の祭りである。

信濃町駅前で国鉄（後にＪＲ）中央線を専用軌道で渡り、青山一丁目（現・北青山一丁目）方面に向う⑦系統の8000形
直進する道路は外苑東通り。都電の橋の下が中央線の複々線で、右側に信濃町駅がある。奥の巨大なビルは1969（昭和44）年
1月に竣工した賃貸オフィスビルの「トーシン信濃町駅前ビル」（現・オフィスコオフィス信濃町。1階は商業施設）。現在は
創価学会系の巨大ビルが建並び、目立たなくなっている。左側のビル群は慶應義塾大学病院。通院者・入院者が多く、人と車の
出入りが多い。⑦系統の都電は1969（昭和44）年10月26日に廃止となり、専用の鉄橋は外苑東通りの拡幅に供用された。
◎信濃町　1969（昭和44）年1月8日　撮影：荻原二郎

CONFECTIONERY & RESTAURANT

信濃町側から見た四谷三丁目停留場の⑦系統8000形

奥が外苑東通りと新宿通り（国道20号線。甲州街道）との交差点で、⑦系統はここが起終点であり、⑪系統（新宿駅前〜新佃島）、⑫系統（新宿駅前〜両国駅前）との接点だった。この付近は商業地だったが裏は住宅地が広がり、寺院が多かった。戦前から静かな通りで、⑦⑬系統が往復していたが、⑩系統の迂回運転で電車の本数が増えていた。◎四谷三丁目　1968（昭和43）年　撮影：日暮昭彦

**新宿通り（国道20号、甲州街道）側から
見た四谷三丁目停留場の⑦系統と
㉝系統の8000形**

　手前が四谷三丁目始発の泉岳寺前行き⑦系統の8000形。泉岳寺～品川駅間は1967（昭和42）年12月10日に廃止になっていたため、⑦は泉岳寺～四谷三丁目間の運転になっていた。奥の㉝系統（四谷三丁目～浜松町一丁目）も、接続していた①系統ほかが廃止になっており、終着の浜松町一丁目電停は⑦の泉岳寺電停同様、寂しいものになっていた。四谷三丁目界隈では1969（昭和44）年10月26日に外苑東通り上の⑦㉝系統、迂回運転の⑩系統（渋谷駅～須田町）が廃止になり、1970（昭和45）年3月27日に新宿通り上の⑪系統（新宿駅前～新佃島）、⑫系統（新宿駅前～両国駅前）も廃止になって都電の姿が消えた。その後は道路拡張とビル建設が本格化して、四谷三丁目付近は高層のビル街に変っていった。◎四谷三丁目　1969（昭和44）年1月8日　撮影：荻原二郎

都電8系統の路線図（1967年）

◎建設省国土地理院 1/25000地形図

8系統
(中目黒～築地)

◎神谷町　1967（昭和42）年12月9日　撮影：荻原二郎

⑧系統（中目黒〜築地）

【担当：広尾（営）　営業キロ数：中目黒〜築地間8.3km　廃止：1967（昭和42）年12月10日】

　⑧系統（中目黒〜恵比寿〜麻布十番〜虎ノ門〜霞が関〜日比谷〜銀座〜築地）は山の手と都心部・下町を結ぶ路線の一つで、沿道は変化に富んでいた。路線のうち中目黒〜天現寺橋間は旧玉川電気鉄道（玉電）が建設した区間という変った来歴も持っていた。山の手特有の勾配と狭い道路のカーブが多かったため、③④⑤⑦系統などと同様、小型車の王国になっていたが、堂々と霞が関、有楽町、銀座、築地に顔を出して人気があり、築地市場にとっても城南と直結した路線として欠かせない存在だった。その経路から通勤通学、ビジネス、買物客が多く、廃止時には大いに惜しまれた。

停留場 1962（昭和37）年当時

○中目黒　○下目黒五丁目　○恵比寿駅前　○渋谷橋　○下目黒二丁目　○天現寺橋　○光林寺前　○四ノ橋　○古川橋　○三ノ橋　○二ノ橋　○一ノ橋　○麻布中ノ橋　○赤羽橋　○飯倉四丁目　○飯倉一丁目　○神谷町　○西久保巴町　○虎ノ門　○霞ヶ関　○桜田門　○日比谷公園　○数寄屋橋　○銀座四丁目　○三原橋　○築地

起点の中目黒停留場で発車を待つ⑧系統築地行きの1200形　　中目黒の停留場は駒沢通りと山手通り（環状6号線）が交差する地点のすぐ手前にあった。1927（昭和2）年に玉川電気鉄道が建設して以来の安全地帯もない簡素なもので、沿道も戦前からの商家、住宅が並ぶ閑静な街だった。高度成長期に道路の拡張、都電の廃止、高速道路の建設が行われ、沿道はビル街に変身して昔の面影は全く残っていない。写真の位置は6車線に拡幅されており、右手前の背後は山手通りとの立体交差となっていて、山手通りの頭上には首都高速中央環状線が通っている。東急東横線の中目黒駅へは徒歩約7分だった。◎中目黒　1966（昭和41）年8月7日　撮影：日暮昭彦

中目黒～下通五丁目間の坂を上る⑧系統築地行きの1200形　中目黒を出ると駒沢通りは目黒川に架る皀樹（さいかち）橋を渡って上り坂にかかり、サミットの鎗ケ崎（やりがさき）交差点まで上りつめる。その途中、左手に東急東横線の線路とほんの少し並行する箇所があり、互いに電車を眺める機会があった。写真右のコンクリ垣の下に東横線が通っている。複線の線路だったが、営団（現・東京メトロ）日比谷線との相互直通運転のため、対岸の高台（代官山）を削り、東横線の間に日比谷線とその坑口を設ける大工事が行われて風景が変った。◎中目黒～下通五丁目間　1962（昭和37）年3月21日　撮影：小川峯生

東横線との並行区間を中目黒に向って坂を下る⑧系統の1200形　駒沢通りの向かい側は東急東横線の複線の線路だったが、営団地下鉄（現・東京メトロ）日比谷線との相互直通運転のため、向い側の代官山の台地を切崩し、東横線の間に日比谷線の坑口と中目黒までの複線を建設する工事が進んでいた。両線の相互乗入れは1964東京オリンピック直前の1964（昭和39）年8月29日から開始され、東急東横線～営団日比谷線～東武伊勢崎線間の相互直通運転が実現した。左奥の電車は東横線の青蛙こと5000系。撮影時は当時最新の7000系オールステンレス車と共に現役で活躍していた。◎中目黒～下通五丁目間　1962（昭和37）年3月21日　撮影：小川峯生

中目黒から駒沢通りを通り、旧山手通りとのT字路を進む⑧系統築地行きの1200形
左からの道が旧山手通りで、ここは鎗ケ崎（やりがさき）という名の交差点。撮影は
元の三田用水が駒沢通りを懸け樋で越えるために築かれていた土手の上からカメラ
を構えたものである。三田用水の廃止と道路拡張により懸け樋は撤去されたが、土
手を貫く歩道のトンネルは残っていた。左のバスは旧塗装時代の東急バス。銀色／
黄の細線で縁取った赤帯／裾の水色の配色が美しく、都会的なセンスが評価されて
いた。この一帯、現在はしゃれた商業ビルの街になっている。
◎鎗ケ崎（代官山）　1964（昭和39）年8月22日　撮影：荻原二郎

東横線を見下ろしながら中目黒〜下通五丁目間の坂を上る⑧系統築地行きの1200形

駒沢通りの中目黒側から坂の上を見たもので、左のコンクリ垣の下が東横線の線路で、正面付近で代官山トンネルに入っていた。右寄りの坂のサミット地点で駒沢通りを跨いでいるガードは三田用水（みたようすい）を通していた高架の掛け樋の跡。三田用水は玉川上水（羽村〜四谷）の分流で、京王線の幡ヶ谷付近から駒場、松濤、代官山を経て恵比寿方面に農業、工業用の水を供給していた。この一帯の風景も今は道路拡張のうえ、代官山から続くしゃれたビルやマンションが林立していて、撮影当時の面影は無い。◎中目黒〜下通五丁目　1964（昭和39）年3月21日　撮影：小川峯生

駒沢通りの主だった⑧系統の1200形

駒沢通りは自動車の少ない時代にはかなり広い道路に数えられていたが、高度成長期に入ると渋滞が発生するようになった。都電としては都心直通系統だけに中型車を投入したかったようだが、区間によって需給のばらつきがあり、無難な小型車に落着いたようだ。しかしクルマ社会を迎えると、城南地区の狭い道路ではかえって小型車が重宝されるようになっていった。これは小型車天国の③系統（品川駅〜飯田橋）、④系統（五反田駅〜銀座二丁目）、⑤系統（目黒駅〜永代橋）、⑦系統（四谷三丁目〜品川駅）にも言えることだった。ちなみに1200形は車長10,300㎜、車幅2,350㎜で、スタンダードの6000形の車長12,300㎜、車幅2,210㎜より車体は短かったが、幅は広く、山の手の急カーブに適応していた。◎下通五丁目　1964（昭和39）年3月21日　撮影：小川峯生

駒沢通りを恵比寿駅前に向って進む
⑧系統築地行きの1200形
駒沢通りの沿道には戦災で罹災した街と免れた街が混在していた。恵比寿周辺も同様で、昭和の戦前の面影が残る家並みが随所に見られた。この地点もその一つだった。
◎下通五丁目　1964（昭和39）年3月21日
撮影：小川峯生

**駒沢通りの主だった都電⑧系統の
1200形と東急バス**

国鉄（JR）山手線の渋谷、恵比寿、目黒、
五反田の各駅は山手線の内側が都バス、
外側が東急バスの地盤で、両者の相互直
通系統を除くと共に網の目のサービスを
競っていた。写真は左が東急バスの後部
（当時は銀／赤帯／水色）、奥に山手線の
ガードと電車（黄色の101系）が見える。
駒沢通りは拡幅の準備工事が始まってお
り、右に建設中の鉄骨のビルの位置まで
セットバックする計画だった。すでに地
下鉄日比谷線の部分開通により、右に地
下鉄のＳマークと恵比寿駅の入口が見え
ている。◎下通五丁目〜恵比寿駅前間
1964（昭和39）年３月21日　撮影：小川
峯生

地下鉄工事が進む頃の恵比寿駅前を行く
⑧系統の築地行き1200形
　恵比寿前も営団地下鉄（現東京メトロ）日
比谷線の工事が進んでいた。地下鉄にも恵
比寿駅が出来るため、かなり広範囲の工事
となった。都電にとっては同じ方向へ向う
ライバルの出現だった。背景のビル群の変
化も見ておくと、戦後の復興が終って街は
完成していたが、まだ低層の商店街だった。
三菱銀行支店から２棟目のビルはオフィス
賃貸専門の小川ビル。遠山証券の看板が出
ている。◎恵比寿駅前　1962（昭和37）年
４月20日　撮影：荻原二郎

**再開発が早かった恵比寿駅周辺と
⑧系統の新顔2000形**

国鉄山手線の恵比寿駅は、1889（明治22）年に「ヱビスビール」の日本麦酒醸造㈱（現・サッポロビール）の醸造工場が田園地帯の当地に開業し、1901（明治34）年に麦酒出荷のための貨物駅「恵比寿停車場」を開設したことに始まる。1906（明治39）年10月に旅客用の恵比寿駅が開業し、都市化が始まった。1966（昭和41）年に町名改正があり、旧豊沢町、新橋町、山下町、恵比寿通、伊達町、景丘町が恵比寿1〜4丁目になり、ビールのブランド名が地名となった。1964東京オリンピックとその後に恵比寿の再開発が急速に進み、商業施設と住宅の調和がとれた街として人気を高めていった。旧ビール工場は1985（昭和60）年に国鉄のＥＦ58形電機と旧型客車2両による「ビアステーション恵比寿」を開業、人気を集めたが4年で閉鎖して1994（平成6）年に工場跡に「恵比寿ガーデンプレイス」（オフィス、商業、文化、住宅の総合施設）を開設、恵比寿の人気スポットとなっている。街にはマンションとしゃれた商業施設が増えたが、都電はそれらを見ることなく1967（昭和42）年12月10日付けで廃止となって、恵比寿から姿を消した。晩年は主だった1200形に代って⑭系統杉並線（新宿駅〜荻窪）から転じてきた狭幅の2000形の活躍が目立った。◎恵比寿駅前　1967（昭和42）年11月5日　撮影：小川峯生

地下鉄日比谷線恵比寿駅開業4日前の情景と⑧系統の築地行き都電1200形
南千住方から部分開通を重ねてきた地下鉄日比谷線は1964（昭和39）年3月25日に霞が関〜恵比寿間が開業となった。さらに同年7月22日に恵比寿〜中目黒間が開通し、8月29日には日比谷線が全通した。コースは若干異なるが、都電⑧系統と重複する区間が多く、その影響が次第に表れてくる。恵比寿駅前を見ると、開業を4日後に控えた地下鉄の駅入り口階段が完成しており、商店街にも動きが出てきたことが判る。左端の小川ビルは変らないが三菱銀行が解体され、新ビルの工事が進行中である。
◎恵比寿駅前　1964（昭和39）年3月21日　撮影：小川峯生

地下鉄日比谷線恵比寿駅開業1年後の駅前風景と⑧系統の築地行き都電1200形

日比谷線全通1年後の駅前。日比谷線は東急東横線〜日比谷線〜東武伊勢崎線の相互直通運転を行う路線のため、都電は太刀打ちできず、利用客は速くて便利な地下鉄へと流れていった。利用しやすい都電にはかなりの通勤通学客、買い買物客が残っていたものの、クルマの増加によるノロノロ運転はひどくなる一方で、⑧系統は1967（昭和42）年12月10日に廃止となった。一方駅前では三菱銀行の新ビルと地下鉄の入口階段が完成し、新しい恵比寿の街に一歩進んだことがわかる。その後、ビルも商店も改築され、恵比寿から昭和の古い建造物は消えていったが、例えば写真左奥の小川ビルの場合は縦長の11階建て「ライオンズマンション小川恵比寿」になって健在だが、銀行は撤退して高層ビルが建っている。◎恵比寿駅前　1965（昭和40）年11月6日　撮影：荻原二郎

天現寺橋から至近の場所にあった都電の広尾車庫の前を進む⑧系統の中目黒行き1200形

広尾電車営業所は天現寺橋停留所から至近の明治通りに面した位置に事務所があり、その裏側にあった出入庫線は、天現寺橋で分岐した外苑西通りに面していた。右奥が古川橋方面、左奥が中目黒、渋谷駅方面。広尾車庫では⑦系統（四谷三丁目〜品川駅）、⑧系統（中目黒〜築地）、㉝系統（四谷三丁目〜浜松町一丁目）、㉞系統（渋谷駅〜金杉橋）を担当し、いずれの系統も小型車の1200形を主体に、少数派の中型車3000、6000、7000、8000形が使用されていたが、1960年代後半からは1200形に代って2000形（旧杉並線からの転属車）の活躍が目立つようになっていた。◎広尾車庫前　1957（昭和32）年12月13日　撮影：小川峯生

光林寺前〜天現寺橋間で中目黒に向う⑧系統の1200形
拡張工事が始まり、片側が広くなった当時の明治通りである。コンクリ垣の下は古川（渋谷川の下流）が流れ、川沿いには住宅、商店、町工場などが混在していて、古き東京名残りの庶民性の強い街並みが続いていた。現在は明治通りが大拡張されて、沿道にはマンションを主体とした高層ビルが並び、古川の上には首都高速2号目黒線の高架が覆っている。
◎光林寺前〜天現寺橋間　1960（昭和35）年3月28日　小川峯生

拡幅前の明治通りを進む1200形2両
拡張前の明治通りで、手前が⑧系統の築地行き1218、奥が⑦系統の品川駅行き1223。オート三輪と自転車が並走する長閑さが残っていた頃の寸描である。◎四ノ橋〜古川橋間　1960（昭和35）年9月18日　撮影：小川峯生

狭かった国道１号線（桜田通り）の東麻布停留場に停まる⑧系統の中目黒行き1200形
⑧系統は古川橋を経由して赤羽橋から国道１号線（桜田通り）に入る。東京タワーのお膝元が飯倉四丁目電停だったが、1964（昭和39）年に東麻布一丁目と改称された。まだ道が狭く、停留場に安全地帯もなかった。⑧の主役1200形は、1000形（後の1000、1100形）に続いて、大正期の木造高床ボギー車を小型の半鋼製車体に載せ替えた車両で、1937〜42（昭和12〜17）年に109両が登場した。戦災で45両を失い、25両が復旧して1201〜1289にまとめられた（戦災復旧車は1265〜1289）。1000形が低床のD-10型台車と交換して若干低床化したのに比べ、1200形は米国ブリル社製の高床台車を再使用していたため、子供や和服、スカート姿での乗降は不便だった。都内線の末期には46両が車体延長・低床化のうえ1500形となり、錦糸堀車庫に配置された。残りの1200形は広尾車庫に集約されていた。右奥のビルに東京タワー観光バス㈱の看板が見える。同社は1963（昭和38）年の創立、1969（昭和44）年に国際興業バスに合併された。◎東麻布一丁目　1965（昭和40）年10月26日　撮影：江本廣一

ビルが増え始めた頃の神谷町電停に到着した⑧系統の中目黒行き6000形
老体の1200形に代って2000、3000、6000、7000、8000形の姿を見かけることが多くなっていた。沿道の建造物も建替えによる高層化と、企業の進出が目立つようになっていた。神谷町は町名改正により虎ノ門五丁目となったが、地下鉄の駅名やビル名などに「神谷町」の名は残り、現在もよく使われている。奥が虎ノ門方面。◎神谷町　1967（昭和42）年11月3日　撮影：小川峯生

生活の息吹が感じられた頃の神谷町電停に停まる⑧系統の中目黒行き1200形
飯倉から愛宕山を眺めつつ神谷町(現・虎ノ門五丁目)に到達すると、かつては狭い電車通りを挟んで商店や中小の事業所、住宅が並んでいたが、国道1号線(桜田通り)の大拡幅と地下鉄日比谷線の開業によって急速に街の性格が変化していった。写真は沿線に背の高いビルがまだ姿を現さなかった頃の神谷町の停留場風景。◎神谷町　1963(昭和38)年7月27日　撮影:江本廣一

神谷町交差点を直進し、中目黒に向う⑧系統の6000形
廃止まであと1ヵ月余の⑧系統。ほとんど姿を見せなかった中型車の6000形が運用に就いていた。この日は「文化の日」だったので車体の四隅に国旗を掲揚している。手前の曲線レールは神谷町で合流する㉝系統(四谷三丁目〜浜松町一丁目)の線路。電車の進行方向で言うと、1停留場間だけ⑧系統と㉝系統が重複し、次の飯倉一丁目で㉝系統は六本木方面に別れていた。
◎神谷町　1967(昭和42)年11月3日　撮影:小川峯生

⑧系統、③系統に投入された元杉並線の狭幅車2000形のすれ違い風景
⑧系統は赤羽橋〜虎ノ門間で③系統（品川駅前〜飯田橋）と線路を共用していた。どちらも1200形が主力だったが、末期には⑭系統杉並線の廃止により、狭幅・細面の2000形が転入してきて両系統によく顔を見せるようになっていた。左が⑧の築地行き、右が③の品川駅前行き。奥が虎ノ門方面。
◎神谷町　1967（昭和42）年11月3日　撮影：小川峯生

**霞が関の中央省庁街を中目黒に向う
⑧系統の1200形 その②**
昼時であろうか、多くの省庁のビルから官
僚たちが食事や休憩で外に出ている。張り
詰めた雰囲気の省庁街が和むひと時だ。霞
が関の周辺には虎ノ門、赤坂、新橋などの
飲食街が多く、民間のサラリーマンと共に
賑わっていた。その風景は昔も今も変らな
い。◎霞が関　1960（昭和35）年10月21日
撮影：小川峯生

霞が関の中央省庁街を中目黒に向う
⑧系統の1200形 その①
撮影当時の虎ノ門～桜田門間の官庁街を走る都電は、⑧系統だけの単独路線だったが、1963（昭和38）年10月から⑨系統（渋谷駅～浜町中ノ橋）が路線の一部廃止により、迂回運転として⑥系統（渋谷駅～汐留／後に新橋）の一部区間を経由して虎ノ門～桜田門間を通るようになって本数が増えた。建物は右が農林省（現・農林水産省、林野庁、水産庁の合同庁舎1号館）、左が外務省。当時は一部を除きほぼ戦前からの姿を留めていたが、1970年代から改築が始まり、高層ビルと総合庁舎が増えていく。正面突き当りが桜田門。◎霞が関　1960（昭和35）年10月21日　撮影：小川峯生

日比谷に到達した⑧系統
築地行きの2000形
都電が魅力的に見える都心の街の一つで、⑧系統が築地に向う晴海通りには、⑧のほかに⑨（渋谷駅～浜町中ノ橋）、⑪（新宿駅～月島通八丁目→後に新佃島）が通り、交差する日比谷通りには②（三田～白山曙町）、⑤（目黒駅～永代橋）、㉕（西荒川～日比谷公園、折返し所は東京宝塚劇場脇）、㉟（巣鴨車庫前～田村町一丁目）、㊲（三田～駒込千駄木町）が通っていて、交差点では絶え間なく都電が姿を現して走行音を響かせる要衝だった。背景の美しいビルは右が第一生命ビル、左が改築後の帝国劇場。
◎日比谷公園　撮影：荻原二郎

桜田門に近い赤レンガの旧司法省本館前を中目黒に向って進む⑧系統の2000形

司法省（現・法務省）の旧本館は1895（明治28年）に竣工した赤レンガの美しい洋館だった。戦災で内部を焼失したが復旧し、1996（平成8）年に完全復元された。法務省は背後に建設された中央合同庁舎6号館を使用しており、この赤レンガ棟は永久保存の国の重要文化財に指定されている。前を行く狭幅・細面の2000形は、1963（昭和38）年12月10日に廃止された⑭系統杉並線（新宿駅〜荻窪。狭軌）から都内線に転じてきた32両のうちの1両。広尾車庫への転入車が多く、老化した1200形の助っ人として活躍していた。◎霞が関〜桜田門間　撮影：荻原二郎

桜田門から日比谷、銀座に進む⑧系統の1200形　霞が関から晴海通りに出ると、ここは都電が美しく映える区間の一つで、かつては緑／黄の旧塗装が生き生きとしていた。背後は日比谷公園で、どちらを向いても景色が良かった。写真の1200形は集電装置のビューゲル以外は原型のままで、窓枠はニス塗りだった。高床車のため、見かけよりも床面が高く（レール面からの高さ900㎜。平均的な路面電車は700㎜代）、外から眺めると運転手や立席の乗客が異様な長身に見えたものだ。
◎桜田門〜日比谷間　1955（昭和30）年12月26日　撮影：小川峯生

有楽町、日劇前を築地に向う⑧系統の1200形　ビルは右から朝日新聞東京本社、日本劇場、東海道本線のガードを越えて黒いビルが有楽町電気ビル。日本劇場（日劇）には「ソニア・アロワ、ジョフ・サンダース招聘　小牧バレエ団合同公演「眠れる森の美女」の垂幕が出ている。同公演は日・英・蘭文化交歓として1956（昭和31）年9月5～14日に行われた。都電と並んで走る日野の初代ブルーリボンの都バスは、荻窪～月島八丁目間の長距離系統で、荻窪～東京駅乗車口（後の東京駅丸の内南口）の系統と共に、都バスきってのドル箱路線だった。トレーラーバス➡大型ボンネットバス➡箱型アンダーフロアエンジン車➡リアエンジン車と変遷をたどった。◎有楽町　1956（昭和31）年9月　撮影：小川峯生

日比谷公園～数寄屋橋間を進む⑧系統築地行きの2000形
細面の2000形が圧倒されそうな、日比谷から銀座にかけての文化的な香りが漂う都心の繁華街。左端のビルは日活国際会館。ガードの上は東海道本線（横須賀線を含む）、山手線、京浜東北線の3複線と東海道新幹線が通っていて、京浜東北線の電車が通過中。ガードを越えた左端に円形ビルの日本劇場（日劇）がちらっと見える。高度成長期の数寄屋橋、銀座界隈に高層ビルは無かったが、親しみやすく歩きやすい街だった。◎日比谷　撮影：小川峯生

数寄屋橋停留場に停車中の中目黒行き⑧系統の1200形
向い側角のビルは1934 (昭和 9) 年竣工の東芝ビル (旧・マツダビル)。戦後は1956 (昭和31) 年から賃貸で数寄屋橋阪急となり、2004 (平成16) 年にモザイク銀座阪急となったが、ビルは東急不動産に売却され、改築後の2016 (平成28) 年に東急プラザ銀座となった。左の米国パラマウント映画社の看板は、1956年制作のパラマウントの超大作「十戒 (じっかい)」の広告。日本公開は1958 (昭和33) 年 3 月15日、松竹ピカデリー (旧・邦楽座。朝日新聞社の隣) でロードショーとなった。出演はチャールトン・ヘストン、ユル・ブリンナー、アン・バクスター、イヴォンヌ・デ・カルロ。その後、何度も上映、放映されている。それにしても、ライトに当った戦前製の都電1200形の車体がベコベコなのはちょっと見苦しいが、古い物を大切にしていた時代の象徴とでも弁護しておこう。
◎数寄屋橋　1958 (昭和33) 年 3 月　撮影：小川峯生

築地から銀座四丁目を経て数寄屋橋近くに到着した⑧系統の2000形
中央奥のガラス張りビルが銀座四丁目角の三越銀座店。その手前が中央通りで三越と対面している和光ビル。その手前の近鉄特急のネオン広告の出ているビルが銀座近鉄ビルで、ビル内は中華料理の近鉄大飯店だった (現在はGucciビル)、その左隣が貴金属・宝飾・時計と鉄道模型の天賞堂ビル。数寄屋橋交差点角で改修工事中のビルは不二家の数寄屋橋店。といったところが昭和40年代初めの銀座風景である。前を行くいすゞ＝川崎航空機製のバスはクリーム／えんじ帯の都営バスだが、都電に比べてクリームの色が白っぽく、民営各社に比して味気ないという評が多かった。◎数寄屋橋付近　1966 (昭和41) 年　撮影：小川峯生

数寄屋橋交差点で行きかう⑪系統新宿駅前行き5000形と、⑧系統築地行きの1200形
晴海通りをゆく⑧系統（中目黒～築地）の1200形と⑪系統（新宿駅～月島通八丁目）の5000形がすれ違う。交差する外堀通りには
⑰池袋駅～数寄屋橋が来ていた。交差点角の不二家数寄屋橋店は1953（昭和28）年の開業で、1957（昭和32）年以降フランスキャ
ラメルの大看板が出ていた。その奥では富士銀行（現・みずほ銀行）の数寄屋橋支店が建設中だった。
◎数寄屋橋　1959（昭和34）年10月3日　撮影：小川峯生

霞が関の桜田通りから晴海通りに右折して日比谷、銀座方面に向う⑧系統の1100形
背景は内濠の日比谷濠と日比谷通りで、お濠に面した第一生命ほかオフィスビル群が見える。奥が有楽町、銀座方面。左の電車が
⑧系統の築地行き1100形、右奥の電車は新宿駅前に向う⑪系統（新宿駅前～新佃島）の大型車5000形。桜田門付近では落着いた都
心部の風景が見られたが、日本の中枢部というひときわ緊迫感も漂う一角だった。
◎桜田門　1964（昭和39）年11月14日　撮影：小川峯生

銀座四丁目電停を発車した⑧系統の中目黒行き1200形
復興が終り、銀座が落ち着きを取り戻した昭和30年代最初の年の風景。右が和光、左のビル屋上には1953（昭和28）年に設置された森永製菓の地球儀型の広告塔が見える。鳩居堂屋上のナショナル（現・パナソニック）が建てたロケット型広告塔と共に銀座のシンボルとなっていたが、1983（昭和58）年に撤去された。車道を行く自動車は、まだ国産車の開発がスタートして日が浅かったため、ほとんどがアメリカ車だった。◎銀座四丁目　1955（昭和30）年10月26日
撮影：小川峯生

晴海通りの銀座四丁目停留場に到着した⑧系統築地行きの2000形
　左端の三越銀座店は改修工事中だが、他の店舗は営業中である。P.104～105の同場面の写真と比べると、右から紳士服の「英国屋」、婦人靴の「かねまつ」、和装の「ゑり円」は同じだが、純喫茶の「ニュー美松」、食堂・甘味の「モーリ」が消えている。銀座の変化も激しいようだ。◎銀座四丁目　撮影：小川峯生

数寄屋橋を経て銀座四丁目に向う⑧系統築地行きの1200形
右側最奥が有楽町電気ビル南館、国鉄（現・ＪＲ）のガードと新数寄屋橋の間に見える円型のビルが東宝系の日本劇場（日劇）、富士銀行（現・みずほ銀行）の手前に紳士用品の「モトキ」の店舗も見える。左側奥のゴシック風のビルは東芝のマツダビル（阪急百貨店数寄屋橋店が入居）。銀座の街としては漫歩する愉しみがあった時期の風景だ。走行中の都電1283号車は戦災復旧車の中の１両で、最後まで元気にサービスに務めていた。
◎数寄屋橋〜銀座四丁目間　1964（昭和39）年10月3日　撮影：小川峯生

数寄屋橋の西側、日劇前付近で信号待ちする⑧系統中目黒行きの1200形
ガードの上は東海道本線（横須賀線を含む）と山手線、京浜東北線の３複線。東海道新幹線は都内区間の工事が後回しになったため、撮影時には高架線橋脚の工事中だった（ガード左端の「安全第一」の文字が見える箇所）。通過中の客車は東京駅から品川客車区へ向う回送列車。晴海通りの下では地下鉄日比谷線の工事が行われていて、路上は鉄板張りになっている。左側最奥の黒っぽいビルは、昭和初期に日比谷交差点角に竣工した旧・常磐生命のビル。1931（昭和６）年に賃貸で「美松デパート」が開店したが、地の利に恵まれず、1935（昭和10）年に閉店した。以後は戦後まで賃貸のオフィス、食堂、キャバレーなどに一部が使用されたが、常磐生命が朝日生命に合併したため朝日生命日比谷ビルとなり、1984（昭和59）年に高層ビルに改築して、現在は賃貸オフィスの「日比谷マリンビル」となっている。◎有楽町　撮影：小川峯生

銀座四丁目から三原橋、東銀座、築地方面に進む⑧系統の1200形

左端のガラス壁のビルが三越銀座店で、銀座四丁目交差点の東北角にある。続いて三原橋方向にかけて小規模ビルの名店が並んでいた。有名店では洋食・洋菓子の「モーリ」、呉服・服地の「ゑり円」、女性靴の「かねまつ」、紳士服の「英国屋」などの看板と、当時の若者に人気のあった「音楽喫茶 ニュー美松」のビルが目立つ。音楽喫茶はコーヒー1杯で何時間でもジャズが聴けたので、学生を主体に多くのファンが集まっていた。銀座には他に「ＡＣＢ（アシベ）」「銀馬車」などがあり、生演奏と歌も聴けた。ジャズ系の音楽喫茶は昭和30年代末からロカビリーに押されて姿を消していった。◎銀座四丁目　1964（昭和39）年10月3日　撮影：小川峯生

都電9系統の路線図（1967年）

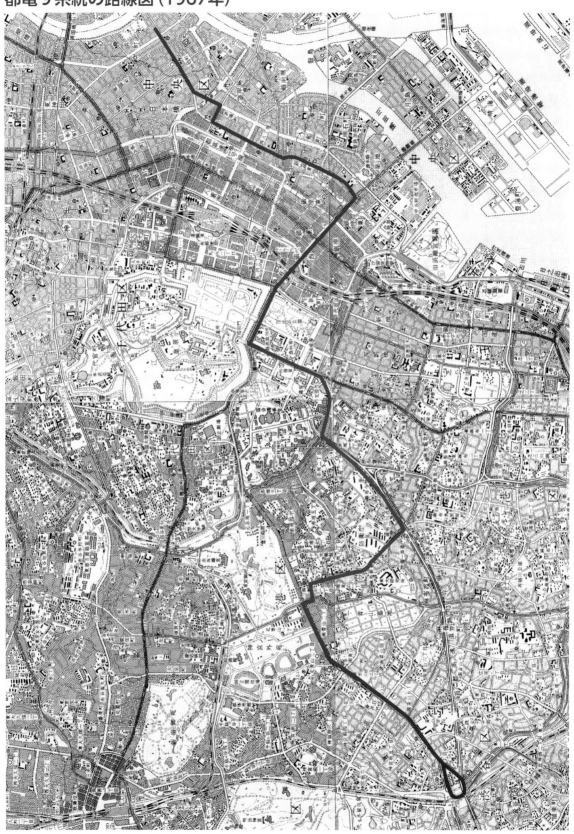

◎建設省国土地理院 1/25000地形図

9系統
(渋谷駅前〜浜町中ノ橋)

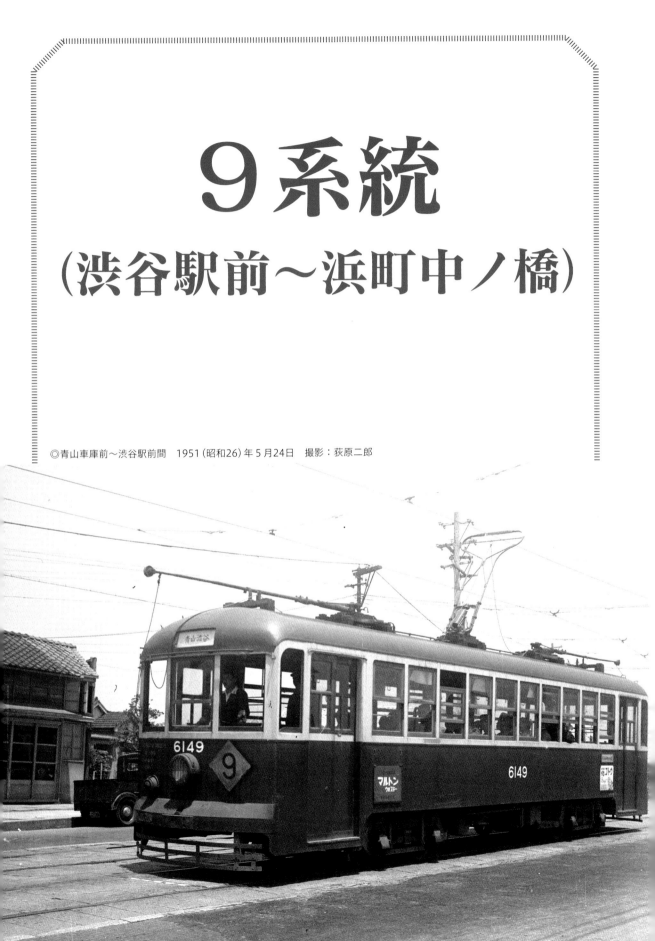

◎青山車庫前〜渋谷駅前間　1951（昭和26）年 5 月24日　撮影：荻原二郎

9系統（渋谷駅前〜浜町中ノ橋）

【担当：青山（営）　営業キロ数：渋谷駅前〜浜町中ノ橋間10.4km　廃止：1968（昭和43）年9月29日】

⑨系統は渋谷駅前発着の系統では山の手、都心、下町の3エリアでそれぞれの輸送を担当してきた伝統のある系統だった。戦前には渋谷駅前〜両国（両国橋西詰）という長距離路線だったが、戦争末期に人形町〜浜町河岸〜両国間が廃止となり、戦後は渋谷駅前〜築地／水天宮／月島通八丁目間など多様な行先の時代が続いた。最終的には渋谷駅前〜浜町中ノ橋／新佃島に落着いて、⑪系統（新宿駅前〜新佃島）と共に晴海通りの日比谷、有楽町、銀座、築地などで貫禄を見せていた。1963（昭和38）年10月の部分廃止以後は、青山一丁目〜六本木〜溜池〜虎ノ門〜桜田門経由の迂回運転となっていた。

停留場 1962（昭和37）年当時

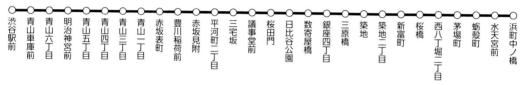

渋谷駅前／青山車庫前／青山六丁目／青山五丁目／明治神宮前／青山五丁目／青山四丁目／青山三丁目／青山一丁目／赤坂表町／豊川稲荷前／赤坂見附／平河町二丁目／三宅坂／議事堂前／桜田門／日比谷公園／数寄屋橋／銀座四丁目／三原橋／築地／築地二丁目／新富町／桜橋／西八丁堀二丁目／茅場町／蛎殻町／水天宮前／浜町中ノ橋

⑥系統廃止後の都電渋谷駅前ターミナル　渋谷駅前から⑥系統（渋谷駅〜新橋）が廃止になったのは1967（昭和42）年12月9日（交通局の公式記録では12月10日）のことだった。翌日からターミナルの番線が変更になり、⑥系統が使用していた乗り場には残存の⑨系統（渋谷駅前〜浜町中ノ橋）、⑩系統（渋谷駅前〜須田町）が共用で入り、元の⑨⑩系統が使っていた乗り場には⑥系統代替の都バス506系統が入るようになった。写真㊧は代替バス、㊨は残存の都電で、手前が発車した⑩系統、奥が客扱い中の⑨系統の電車（共に6000形）。奥のカマボコ型の屋根は東急東横線の渋谷駅。頭上の高架は国道248号のバイパス。
◎渋谷駅前　1968（昭和43）年9月　所蔵：フォト・パブリッシング

渋谷駅前停留場への入場待ちで並んだ渋谷駅前発着の6000形の列　1957（昭和32）年に渋谷駅西口（ハチ公口）にあった都電ターミナルが東口に移転して、宮益坂上から金王坂、六本木通りを単線で下り、ループ線上の渋谷駅前停留場を経由して宮益坂を上って青山通りに戻ることになってから、時折見かけるようになった光景である。系統は⑥⑨⑩でいずれも青山車庫の担当。写真の六本木通りは工事中で、写真右の坂上はまだ未舗装だった。手前を横切る電車通りは明治通り。路上の線路は㉞系統（渋谷駅前〜金杉橋）で、広尾車庫の担当。青山車庫系統の路線とは線路がつながっていなかった。右の歩道の奥は渋谷警察署。現在は首都高速3号渋谷線と国道246号のバイパスが頭上を通り、高層ビルが密集している。◎渋谷駅付近　1958（昭和33）年1月1日　撮影：小川峯生

東口のループ式都電ターミナルから青山通り（国道246号線）宮益坂上り口に出てきた⑨系統の6000形
渋谷駅東口、明治通りと青山通りの交差点と宮益坂の坂下が重なっている箇所である。左のビルは東急百貨店（旧・東横百貨店）東館、奥のガードは山手線。その奥が現・スクランブル交差点。1957（昭和32）年3月までは複線の都電がガードを潜り、西口（現・ハチ公口）前まで達していた。正面奥のビルは賃貸の渋谷駅前ビル。写真の都電はこれから宮益坂を上って青山方面に向うところ。
◎渋谷駅前　1968（昭和43）年9月　撮影：小川峯生

急激に変化した渋谷駅前停留場へ入る都電の沿道風景
のどかだった六本木通りも完成10年目頃にはこのような風景に変っていた。都電の線路（ループのため単線）の右に都電ターミナルと東急文化会館があり、国道246号（青山通り、玉川通り）のバイパスと首都高速3号渋谷線の高架下にはかすかに東急東横線の渋谷駅と電車が見える。その奥の国鉄渋谷駅は見えないが、山手線を越えた西口の東急プラザビルは大きく見えている。都電はすでに存在感を失っており、渋谷駅前に集まる都電は1968（昭和43）年9月29日で廃止となった（㉞系統は1969年10月26日廃止）。
◎渋谷駅付近　1968（昭和43）年9月27日　小川峯生

渋谷駅前から宮益坂を上り、青山通りに向う⑨系統の7000形
渋谷駅の東口移設によって宮益坂はループ線専用の単線区間となった。沿道は低層の銀行、オフィスビル、商店、レストランなど
が並んでいたが、やがて1964東京オリンピック前の道路拡張により高層のビル街に変っていった。
◎宮益坂　1962（昭和37）年4月20日　撮影：荻原二郎

青山通りからループ線の金王坂を下り、渋谷駅前に進む⑨系統の6000形
渋谷駅前の都電停留場はループ線の途中にあるため、宮益坂上にループの分岐・合流点があり、ここから単線に分れて渋谷駅前方面は金王坂と一部六本木通りを通って渋谷駅前に達していた。戻りは駅前から宮益坂を単線で上り、この地点で再び複線に戻っていた。右が渋谷駅行きの6000形、左奥は渋谷から戻って青山通り（国道246号）を行く7500形。青山通りは1964東京オリンピック前後に拡幅され、狭いながらも落着きのある街並みがビル街に変り始めた頃だった。◎宮益坂上　1965（昭和40）年　撮影：日暮昭彦

青山車庫前のスナップ、⑨系統8000形の出庫
青山車庫から⑨系統の8000形が青山通りに出たところ。方向幕は入庫時の「青山車庫」のまま。道路の拡張前で狭苦しいが、商店街に活気があった。左方向奥が青山学院の正門である。◎青山車庫前　撮影：小川峯生

青山車庫内のスナップ、自動洗浄機で綺麗になる⑨系統の6000形
自動洗浄機は1950年代半ばから導入され、次第に各車庫に普及したが、旧式の鉄道車両ほど車体側面の凹凸部分が多く、洗い残しが見られた。そのため自動車に比べて鉄道車両では普及も遅かった。1950年代末以降は鉄道車両も自動車のように滑らかで凹凸の少ない車体を新造するようになり、洗浄機で美しく洗えるうようになった。6000形の場合は扉と側窓が戦前と同じ設計だったので、仕上げは5500形や7000形以降の平滑な車体には及ばなかったようだ。◎青山車庫　1954（昭和34）年12月13日　撮影：小川峯生

旧赤坂区役所前を通り、渋谷駅前に向う⑨系統の6000形　青山通りの青山一丁目〜豊川稲荷前間の風景で、手前が安田青山ビル、その左のクラシックなビルが旧・赤坂区役所（撮影時は赤坂支所）で、1928（昭和3）年の竣工。赤坂公会堂やレストランを含む総合施設になっていた。1992（平成4）年に解体され、改築後は「赤坂コミュニティぷらざ」になっている。都電の青山一丁目〜三宅坂、半蔵門〜九段上間は高速道路建設のため、1963（昭和38）年10月1日に廃止されたため、この付近の都電は早い時期に姿を消した。通りの左側は赤坂御所の石垣と植込みが続いている。◎青山一丁目〜豊川稲荷前間　1957（昭和32）年8月2日　撮影：荻原二郎

青山一丁目（後の北青山一丁目）電停に到着する⑨系統の6000形
右が渋谷方面、左が赤坂見附方面。左背後は赤坂御所である。⑨系統（渋谷駅〜浜町中ノ橋）、⑩系統（渋谷駅〜須田町）は青山通り（国道246号）を直進して三宅坂で⑨は日比谷方面に、⑩は九段上方面に進んでいたが、高速道路の建設で青山一丁目〜三宅坂、半蔵門〜九段上間が1963（昭和38）年10月1日に廃止され、迂回運転となった。電停にはその旨の看板が出ている。向いの建物は、右端が蔦に覆われた青山聖三一教会、その隣のドーム付きのビルが赤坂郵便局。教会は世田谷区に移転し、跡地には新青山ビル（青山ツインビル）が建っている。赤坂郵便局のレトロな建物も老朽化で1973（昭和48）年に角型ビルに改築されている。
◎青山一丁目　1963（昭和38）年9月28日　撮影：小川峯生

⑨⑩系統の分岐点だった三宅坂交差点で
右折する⑨系統の6000形
青山通りが内堀通りとＴの字型に出会う交
差点で、線路は三角線になっていた。写真
中央から左に曲るのが⑨系統の日比谷・銀
座方面行き、右に曲るのが⑩系統の九段上・
須田町方面行き。手前を横切っているのが
⑪系統（新宿駅前～新佃島）で、ここから築
地までは⑨と⑪が同じ線路を走る。1964東
京オリンピックめざして道路拡張と高速道
路の建設が開始されており、路上には建設
機材が見える。その工事のため、⑨系統は
青山一丁目～三宅坂間、⑩系統は半蔵門～
九段上間が1963（昭和38）年10月1日に部
分廃止となり、共に迂回運転となったわけ
である（迂回のコース：⑨系統はＰ.106の
地図、⑩系統はＰ.148の地図を参照）。三角
線の複雑さから交差点にはポイント操作の
信号塔を設けてあった。◎三宅坂　1963
（昭和38）年８月17日　撮影：荻原二郎

豊川稲荷前停留場と和菓子の虎屋本店の前を渋谷駅前に向う⑨系統の6000形

青山一丁目～赤坂見附間の名所の一つ。「とらやの羊羹」で知られる和菓子の老舗・虎屋は室町時代後期に京都で創業した和菓子の老舗で、明治維新の際、1869(明治2)年に京都の店舗の他に東京へも進出、最初は神田に店を構えた。1895(明治28)年に赤坂へ移転、市内の店舗を増やしてゆき、1932(昭和7)年に本店は現在地(旧赤坂表町)に移転した。写真は店の前を通る都電が1963(昭和38)年10月に廃止される直前の模様である。道路拡張に伴い、翌1964(昭和39)年に新しい虎屋赤坂本店が開店している。◎豊川稲荷前　1963(昭和38)年8月2日　撮影：荻原二郎

〔⑨系統の迂回運転は⑥系統経由に〕工事中の高速道路下を渋谷駅前に向う⑨系統の6000形
青山一丁目（後の北青山一丁目）〜三宅坂間の部分廃止に伴い、⑨系統は渋谷駅前〜青山一丁目〜三宅坂〜日比谷公園のコースを、
⑥系統の青山一丁目〜六本木〜今井町〜福吉町〜溜池〜虎ノ門間と、⑧系統の虎ノ門〜桜田門間を経由して日比谷公園、銀座方面
に向うコースに変更となった。写真は⑥系統の六本木〜溜池間、福吉町付近を渋谷駅前に向う6000形である。頭上は首都高速環
状線と高速３号渋谷線の谷町ジャンクション。難工事のため都電は何度も線路を付替えて橋脚の間や高架下を走った。
◎福吉町付近　撮影：小川峯生

〔⑨系統は⑧系統経由で迂回〕虎ノ門～桜田門間は⑧系統を経由して新佃島に向う⑨系統の6000形
写真正面が桜田門。本来⑨系統は内堀に沿って桜田門の前を横切っていたのだが、部分廃止による迂回運転のため、六本木～溜池
～虎ノ門～桜田門のコースに変り、霞が関の省庁街を抜けて桜田門の正面から対面することになったもの。右が日比谷、銀座方面、
左が旧コースだった三宅坂方面。左角に警視庁がある。◎桜田門　撮影：荻原二郎

〔⑨系統の迂回運転は⑥系統経由に〕溜池交差点を渋谷駅前に向う⑨系統の7500形
写真の⑨系統7500形は左折して六本木、青山一丁目（後の北青山一丁目）を経由して渋谷駅前に向う。手前側、高速道路下で左右方向に敷設されている線路は③系統（品川駅前〜飯田橋）のもの。都電廃止の直前には溜池〜虎ノ門間の都電が輻輳し、最後の隆盛ぶりを見せていた。しかし⑥系統の廃止により、⑨系統の迂回運転は六本木〜飯倉〜神谷町〜虎ノ門〜桜田門…のコースに変更され、それが⑨系統最後のコースとなった。左のバスは東京駅へ向う東急バス。◎溜池　1967（昭和42）年　撮影：口暮昭彦

[迂回運転] 法務省前を行く渋谷駅前行きの⑨系統渋谷駅前行きの6000形
迂回運転により、⑨系統も虎ノ門〜桜田門間で霞が関の官庁街を通るようになり、車窓風景に重厚味が増した。利用客にとっても利便性が増したことになるが、廃止時期が迫っていて長くは続かなかった。
◎桜田門付近　1964（昭和39）年11月14日　撮影：小川峯生

日比谷交差点前の日活国際会館と都電
映画会社の日活が1952（昭和27）年に建設したビルで、上層階は日活ホテルになっていた。映画の斜陽で売却の後、現在は建直されて外国資本のホテル・ペニンシュラ東京になっている。左は大正生命館。大正生命日比谷ビルに建替えの後、現在は日比谷サンケイビルになっている。都電⑨系統の6000形が見える。日比谷交差点～銀座四丁目間は都電がシックに見える区間だった。
◎日比谷交差点　1956（昭和31）年7月3日　提供：朝日新聞社

日比谷公園停留場から銀座方面に発車する⑨系統の6000形
写真の電停は晴海通りにある。左が数寄屋橋、銀座方面、右が桜田門方面。交差する日比谷通りとの角にある黒ずんだビルは旧常磐生命が昭和初期に建設し、1936（昭和6）年から賃貸で美松デパートが営業していたが、4年後に閉店した。その後は様々な企業が入居していたが、朝日生命と合併してビルは「日比谷朝日生命館」となっていた。1984（昭和59）年に高層ビルに改築して、現在は賃貸オフィスの日比谷マリンビルとなっている。その右隣りのビルは三井信託が1929（昭和4）年に建設したオフィスビルの「三信ビルディング」。スペイン風アールデコと称された美しい建築で、各種企業が入居していた。2007（1995）年に解体され、2018（平成30）年に高層オフィスビルの「東京ミッドタウン日比谷」となった。その奥のビル群は東京宝塚劇場と東宝系の映画・演劇街。◎日比谷公園　撮影年不詳　所蔵：フォト・パブリッシング

日比谷公園〜数寄屋橋間を水天宮浜町に向う⑨系統の6000形
6000形の後期車はオイルダンパ付きのD-17型台車を履き、側窓も9個になって完成度を増していた。左のビルは1952(昭和27)年に竣工した「日活国際会館」。映画会社の日活が多角経営の一つとしてホテルを開業したもので、立地の良さで人気を集めたが、映画の斜陽化により1970(昭和45)年に三菱地所に売却、オフィスビルの「日比谷パークビルヂング」となる。2003(平成15)年に解体し、現在は高層ホテルの「ザ・ペニンシュラ東京」(香港&上海ホテルズが運営)になっている。
◎日比谷〜数寄屋橋間　1955(昭和30)年12月21日　撮影：小川峯生

日比谷公園〜数寄屋橋間、華やかだった
日本劇場の前を築地方向に進む⑨系統の6000形
日劇は東宝の拠点の一つ。日劇ダンシングチームの公演と東宝映画の封切で多数の観客を集めていた。写真は1959(昭和34)年4月10日の皇太子殿下(現・上皇さま)のご成婚当時の撮影で、「慶祝」の文字が見える。映画はフランキー堺、新珠三千代主演の「私は貝になりたい」が4月12日封切で上映中。現在は日劇跡と隣の朝日新聞東京本社跡を合体して「有楽町マリオン」になっている。奥のガード上には、東海道本線急行列車の品川客車区〜東京駅間を回送中の姿が見える。高度成長が軌道に乗って、世相も落着きを見せていた昭和34年当時の風景である。◎有楽町 1959(昭和34)年4月 撮影：小川峯生

関東大震災から1年後の銀座尾張町（後の銀座四丁目）交差点
現・三愛ドリームセンター前から銀座四丁目、現・三越銀座店の方向を見たもの。中央の煙突は
あんパンの木村屋総本店の製パン工場で、現在の木村屋の向い側にあった。右奥は歌舞伎座。走
行中の市電は初の低床車・3000形の3096号車（610両が量産された中の1両）。当時の系統とし
て飯倉経由の渋谷行き。停車中の路線バスは、㊨が東京市営バスで、市電の車両不足を補うため
フォードのトラックを応急改造したもの。粗末な造りから円太郎馬車をもじって「円太郎バス」
と呼ばれた。㊧のバスは東京乗合自動車（青バス）。後の1942（昭和17）年に東京市営バス（翌年、
都営バスとなる）に統合された。収益性の高い路線を多く持ち、都営バスの路線網確立に貢献した。
◎銀座尾張町（現・銀座四丁目）　1924（大正13）年　提供：朝日新聞社

雨の晴海通り・数寄屋橋交差点風景

左の角は1953（昭和28）年に開店した不二家数寄屋橋店。当時人気の高かったフランスキャラメルのネオンが出ている。右の角はSONYのネオンを出しているスキヤビル。後にソニービルに建て替えて文化の発信地の一つとなった。都電は外堀通りの⑰系統（池袋駅前～数寄屋橋）の線路を越えて⑨系統（渋谷駅前～浜町中ノ橋）が築地方向に進んでいる。高度成長の初期だけに街には落着きがあった。写真は数寄屋橋畔の朝日新聞東京本社上階から写したものである。◎数寄屋橋　1958（昭和33）年　提供：朝日新聞社

数寄屋橋交差点を通過する渋谷駅前行きの⑨系統6000形と、新宿からの⑪系統8000形
直進する道路が晴海通りで、銀座四丁目、築地方面を望む。左奥に和光の時計塔、三越銀座店のガラスのビルが見える。右手角は後のソニービル。当時は洋画の大型広告が出ていた。奥に森永製菓の地球儀型の広告塔が聳えている。手前の数寄屋橋交差点を横切っているのが外堀通りで、左が東京駅八重洲口方面、右が新橋方面。左角は不二家数寄屋橋店。晴海通りには都電⑧（中目黒〜築地）、⑨（渋谷駅〜浜町中ノ橋）、⑪（新宿駅〜月島）の3系統が通り、外堀通りには⑰系統（池袋駅〜数寄屋橋）が交差点右側で折返していた（戦前は新橋のループ線まで運行）。◎数寄屋橋交差点　1960（昭和35）年2月24日　撮影：小川峯生

銀座四丁目交差点を渡り、渋谷駅前に進む⑨系統の7500形
左側奥のビルが三越銀座店。改装工事中で、仮の入口案内が出ている。その手前側のビル（実際は中央通りをはさんで三越と対面）が和光ビル。戦前は服部時計店の名で知られていたが、戦後、装飾品販売の範囲が広くなって「和光」と改称した。昔も今も四方から見える時計台は三越と共に四丁目のランドマークになっている。◎銀座四丁目　1968（昭和43）年8月24日　撮影：小川峯生

銀座四丁目の交差点を越えて渋谷駅前に向う⑨系統の6000形

左の円筒型のビルは「三愛ドリームセンター」。戦後の２階建て三愛ビルを1963（昭和38）年１月に円筒型、ガラス張りに改築開業した。文化的商業ビルとして銀座のランドマークになっている。その奥の地球儀型の塔は1953（昭和28）年４月に不二越ビルの屋上にお目見えした森永製菓のネオン広告塔で、銀座のランドマークとして知られていたが、1983（昭和58）年に撤去された。不二越ビルも改築して、2007（平成19）年に全館ファッションの「ジョルジオ・アルマーニ」の店舗となった。三愛と森永広告塔の間には近藤書店、洋書のイエナがあり、どちらも専門書や稀覯書（きこうしょ）が豊富に並び、銀座人種だけでなく都内、地方から訪れる人も多かった。◎銀座四丁目　1968（昭和43）年８月24日　撮影：小川峯生

銀座四丁目交差点を渡る新佃島行きの⑨系統7500形
左端が円筒ビルの三愛、中央奥に新数寄屋橋、日本劇場、有楽町電気ビルが遠望できる。
7500形は都内線の都電最後の新製車で1962（昭和37）年に20両が青山車庫に配置された。強い黄色の塗装は都心部でも目立つ存在で、⑨系統で銀座にもよく顔を見せていた。元々臨時系統だった月島行きが新佃島行きとなっているのは、新宿からの⑪系統と共に、交通事情などから末期に2停留場先の新佃島まで延長されていたもの。
◎銀座四丁目　1968（昭和43）年　撮影：日暮昭彦

日比谷から東海道新幹線、東海道本線（横須賀線を含む）、山手線、京浜東北線のガードを潜り、
有楽町、数寄屋橋に到着した⑨系統の新佃島行き7000形

奥のビルが有楽町電気ビル南館、右の円形ビルが東宝の拠点の一つ「日本劇場」（日劇）。その手前が東京高速道路が通る新数寄屋
橋で、旧・数寄屋橋の真上に開通した。電停より手前側は晴海通りと外堀通りとの数寄屋橋交差点で、外堀通りの⑰系統（池袋駅
前〜数寄屋橋）が連絡していたが、撮影の5ヵ月前の3月末日に廃止となっていた。都心で最も活気にあふれた街の一つだが、都
電が消えるたびに一時的ながら寂しい光景が増していった。◎数寄屋橋　1968（昭和43）8月24日　撮影：小川峯生

銀座四丁目から築地方向の遠望と、渋谷駅前に向う⑨系統の6000形
交差点角はサッポロビヤホールの「ライオン」。1967（昭和42）年12月9日夜の銀座通り都電最終日には別れを惜しむ人達で終日混み合った。残った晴海通りの都電⑨⑪系統も翌1968年9月29日に廃止となった。ライオンのその後は、1970（昭和45）年に改築してサッポロ銀座ビルとなり、さらに再開発により2016（平成28）年9月にショールーム、店舗、カフェ、飲食店を含めた複合ビル「銀座プレイス」（地上11階・地下2階）がオープンし、ライオンビヤホールは地下に移って健在である。
◎銀座四丁目　1968（昭和43）8月24日　撮影：小川峯生

下町区間を行く⑨系統の6000形
⑩系統は銀座、築地を過ぎるとスタート地点の渋谷駅前とは別世界の下町商業地区を進む。写真は⑩系統（渋谷駅前〜浜町中ノ橋）と㊱系統（錦糸町駅前〜築地）が⑤系統（目黒駅前〜永代橋）と交差する桜橋交差点の風景である。古いビルが多数残り、築地、新富町、八丁堀を控えて江戸気質が生きている東京らしい街並みが続く。都電も身近な乗り物として精彩を放っていた。
◎桜橋　1967（昭和42）年3月19日　撮影：荻原二郎

勝鬨橋（かちどきばし）を渡り、月島から新佃島へ向う⑨系統の7500形
勝鬨橋は隅田川に架けられた可動橋で、船舶を通すために1日5回ほど橋の中央部を跳ね上げていた。完成は1940（昭和15）年6月。市電（都電）は築地、対岸の月島まで通じていたが、橋を渡って運転されるようになったのは戦後の1947（昭和22）年12月のことだった。その後交通事情の悪化により1970（昭和45）年11月29日限りで開閉は停止された。橋を渡っていた都電は⑨（渋谷駅〜新佃島）、⑪（新宿駅〜新佃島）の2系統だった（共に月島通八丁目から延長）。勝鬨橋は2007（平成19）年に国の重要文化財（建造物）に指定され、2017（平成29）年に日本機械学会から機械遺産に認定されている。
◎かちどき橋〜月島間　1968（昭和43）年9月22日　撮影：髙井薫平

勝鬨橋を渡り、月島に到着した新佃島行き⑨系統の7500形　勝鬨橋を渡ると、まだ新しい埋立地の印象が強かった月島に到着していた。月島の埋立ては1892（明治25）年以降に完成したもので、長らく東京で一番新しい土地だった。水産会社の倉庫が多く、商店街と住宅が混然とした下町の新開地風景が広がっていた。月島停留場は都電3系統の折返し電停として利用され、都バスも当地を終点とする系統が多かった。現在は高層マンションともんじゃ焼きの街に変化しているが、写真撮影当時の雰囲気は幾分か生きている。交通は都営大江戸線と東京メトロ有楽町線が担っている。◎月島　1968（昭和43）年9月26日　撮影：荻原二郎

都電10系統の路線図（1967年）

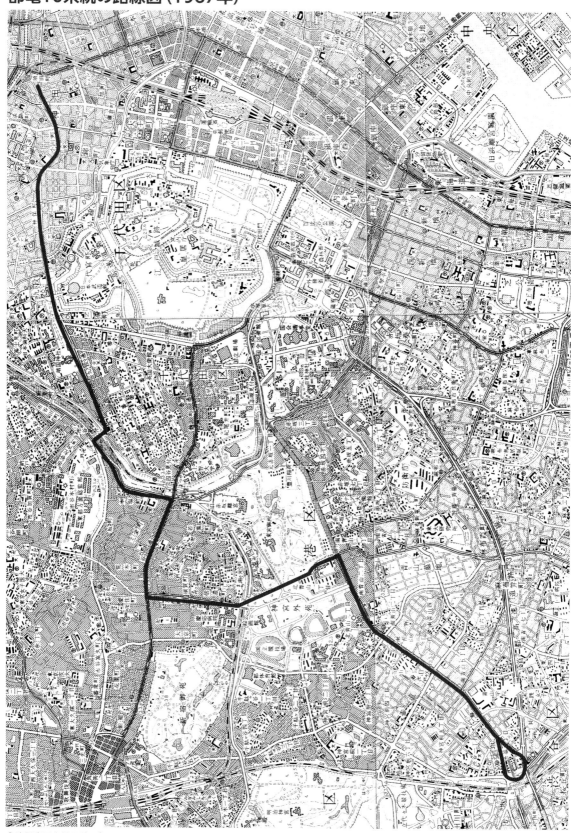

◎建設省国土地理院 1/25000地形図

10系統
（渋谷駅前〜須田町）

◎市ケ谷見附　撮影：小川峯生

10系統（渋谷駅前〜須田町）

【担当：青山（営）　営業キロ数：渋谷駅前〜須田町間8.8km　廃止：1968（昭和43）年9月29日】

⑩系統は渋谷駅前を起点に、山の手の青山、麹町の高級住宅地と、下町の神保町、小川町、須田町を結ぶ路線だった。沿線に大学、私立の中・高校、企業、外国大使館が多かったほか、美術館、国立劇場、神保町の書店街もあって、文化的な雰囲気を漂わせていた。終着の須田町は衣料専門店が多く、非戦災地域だったため落着きのある街並み

だった。須田町では下町方面多数の系統への連絡が密で便利だった。1963（昭和38）年10月の部分廃止以後は、青山一丁目〜信濃町〜四谷三丁目〜四谷見附〜市ケ谷見附〜九段上経由の大迂回運転となったが、かえって変化に富んだ車窓風景が楽しめる路線になっていた。

停留場 1962（昭和37）年当時

渋谷駅前 | 青山車庫前 | 青山六丁目 | 明治神宮前 | 青山五丁目 | 青山四丁目 | 青山三丁目 | 青山一丁目 | 赤坂表町 | 豊川稲荷前 | 赤坂見附 | 平河町二丁目 | 三宅坂 | 半蔵門 | 三番町 | 九段上 | 九段下 | 専修大学前 | 神保町 | 駿河台下 | 小川町 | 淡路町 | 須田町

廃止により寂しくなった渋谷駅前の停留場に停まる⑩系統の6000形
都電最大のターミナルだった渋谷駅前も、⑥系統（新橋行き）が1967（昭和42）年12月10日に廃止となり、残った⑨系統（浜町中ノ橋行き）と⑩系統（須田町行き）が、1968（昭和43）年9月29日の廃止を目前に控えていた。左の㉞系統（金杉橋行き）も1969（昭和44）年10月の廃止予定となるなど寂しくなっていた。もと⑨⑩系統の乗り場には代替の都バスが発着していて哀れを誘う。右のビルが東急文化会館（現・渋谷ヒカリエ）、高架上は地下鉄銀座線2000系と1500系、左端のビルは東急百貨店東横店。現在、都電の跡地の地下は東急東横線・東京メトロ副都心線の渋谷駅となっている。◎渋谷駅前　1968（昭和43）年9月27日　撮影：荻原二郎

渋谷駅前停留場から青山通り（国道246号）に向う⑩系統の6000形
最徐行で宮益坂下に出て青山方面に向う。ここは明治通りとの交差点でもあり、正面の渋谷東映劇場は明治通りに面している。左奥が山手線のガード、渋谷駅。◎渋谷駅前　1968（昭和43）年9月　撮影：小川峯生

青山通り（国道246号）の拡張が進む中を渋谷駅に向う⑩系統の7000形
青山通りは狭い電車通りだったが、1964東京オリンピック前から大拡張工事が推進され、五輪後も工事が続いた。写真はまだ都電の軌道を中心に移動する前の模様である。奥の樹木の見える一角が赤坂御用地。左手の囲いには出光興産（現・昭和出光シェル）東京支店ビル建設用地とある。1969（昭和44）年4月に出光興産青山ビルとして竣工し、現在は「SIビル青山」となっている。◎青山一丁目　1968（昭和43）年　撮影：日暮昭彦

**渋谷駅前停留場（ループ線）から国道246号（青山通り）の
宮益坂下に出てきた⑩系統の須田町行き7500形**
正面のビルは東急百貨店東横店東館。左の高架線は営団地下鉄（現・東京メトロ）銀
座線で、右のビル内3階に同線の渋谷駅がある。都電のターミナルは高架線の向う側
にあり、ループ線上のターミナル出口に相当するこの場所は、国道246号線と明治通
りとの交差点でもある。都電の廃止が進んでいて、ここを通る電車の数もめっきり
減っていた。⑥系統はすでに無く、残った⑨⑩系統も撮影の2日後に廃止となった。
◎渋谷駅前　1968（昭和43）年9月27日　撮影：荻原二郎

都電廃止で代替バス乗り場に変った渋谷駅前停留場
すでに電車は来なくなっており、⑥⑨⑩系統代替の都バスが都電乗り
場を利用している。まだ利用客も慣れていないので、職員が案内所を
設けている。右奥の6000形は㉞系統金杉橋行きで、廃止時期が1969年
（昭和44）年10月25日と遅かったため、渋谷駅前で孤塁を守っていた。
◎渋谷駅前　1968（昭和43）年9月29日　撮影：荻原二郎

青山通り拡張工事中の青山一丁目交差点と、渋谷駅前行きの⑩系統6000形
青山通りの拡張工事は大掛かりなもので、街は塵埃と騒音が渦巻いていた。左奥は青山御用地。交差点から直進して赤坂見附、三宅坂方面へ進む都電線路は高速道路建設のため1963（昭和38）年9月末に廃止となり、10月1日から⑨系統は右へ、⑩系統は左へ分岐して迂回運転を開始した。◎青山一丁目　1963（昭和38）年8月2日　撮影：荻原二郎

青山通りから赤坂見附に到着した⑩系統須田町行きの6000形　青山一丁目〜赤坂見附〜三宅坂間の部分廃止を目前にした当時の情景。赤坂地区でも道路拡張と高速道路建設の準備工事が続いており、美しかった街並みも、一時的とはいえ半ば廃墟の光景に変っていた。◎赤坂見附　1963（昭和38）年8月17日　撮影：荻原二郎

桜も満開、内堀通りの千鳥ヶ淵付近を渋谷駅前に向う⑩系統の6000形
⑩系統では最も閑静で美しい景色が続いていた三宅坂〜九段上間の内堀通りは、桜のシーズンにはますます美観を増していた。右が千鳥ヶ淵、奥が九段上。左手は麹町、番町の高級住宅地で、英国大使館、インド大使館、イタリア文化会館、国立劇場も通りに面しており、文化の香りが高かった。⑩系統はこの区間（半蔵門〜九段上間）の廃止により、1963（昭和38）年10月1日から青山一丁目〜四谷三丁目〜四谷見附〜市ケ谷見附〜九段上間の大迂回運転を開始している。◎千鳥ヶ淵　　撮影年月日不詳　所蔵：フォト・パブリッシング

都電⑨⑩系統の部分廃止に伴い、青山一丁目交差点で線路の付替え工事中の模様
青山一丁目の交差点の都電線路は、青山通りの⑨（渋谷駅前〜浜町中ノ橋）、⑩（渋谷駅前〜須田町）と、外苑東通りの⑦（品川駅前〜四谷三丁目）、㉝（四谷三丁目〜浜松町一丁目）が単に交差しているだけで、渡り線もなかった。しかし1963（昭和38）年10月に⑨⑩の青山一丁目〜三宅坂間、⑩の半蔵門〜九段上間が高速道路建設のため部分廃止となるため、青山一丁目の交差点から⑨は六本木、虎ノ門経由、⑩は四谷三丁目、市ケ谷見附経由で迂回運転をすることになった。写真は青山一丁目の交差線路を、六本木方面、四谷三丁目方面への2分岐ポイントに付替え工事の模様である。◎青山一丁目　1963（昭和38）年9月28日　撮影：小川峯生

青山四丁目付近を行く回送電車
地下鉄銀座線の外苑前駅付近の情景で、青山車庫に向う回送と思われるが、方向
幕は「青山一丁目」となっている。客席で車掌氏が休憩しているのが見える。拡
幅途次の青山通り（国道246号線）の風景は建造物が不揃いで、決して美しい街並
みとは言えなかった。現在のハイセンスな青山通りに進化するのは昭和40年代末
からである。◎青山四丁目付近　1967（昭和42）年4月16日　撮影：荻原二郎

〔迂回区間〕信濃町駅前の都電専用鉄橋と渋谷駅前に向う⑩系統の6000形
⑩系統の迂回経路は青山一丁目（後の北青山一丁目）～信濃町～四谷三丁目～四谷見附～市ケ谷見附～九段上というコースだった。今まで縁のなかった信濃町にも顔を見せるようになったが、運転本数が多かったので、昔から通っていた系統のように見えたものだ。右が国鉄（ＪＲ）中央線信濃町駅。◎1964（昭和39）年10月　撮影：小川峯生

〔迂回区間〕信濃町駅前の都電専用鉄橋を渡って須田町へ向う⑩系統の6000形
この都電専用鉄橋は枕木まる出しの鉄橋だったが、通行禁止にも拘らず渡るヤカラが居たので、安全のためコンクリート道床になった。通行禁止の札は出ていたが、時おり歩行者がいたようだ。橋の下は中央線の信濃町駅。同駅には快速は止らず、中央・総武緩行線の電車が停車する。1964東京オリンピックでは国立競技場最寄り駅のため、隣の千駄ケ谷駅と共に大改良が行われた。
◎信濃町　1966（昭和41）年　撮影：日暮昭彦

〔迂回区間〕四谷三丁目交差点を右折して須田町へ向う⑩系統の7500形
この電車は外苑東通りから新宿通り（国道20号線）へ右折したところ。ここから終着の須田町までは⑫系統（新宿駅前〜須田町〜両国駅前）と同じ線路を走る。道路拡張前のこのあたりの新宿通りは至って庶民的な街だったが、現在はオフィスビル、マンションを主体にした高層ビルの並ぶ通りになっている。◎四谷三丁目　1968（昭和43）年　撮影：日暮昭彦

〔迂回区間〕市ケ谷見附付近を渋谷駅前に向う⑩系統の7500形
外濠通りは市ケ谷八幡町で靖国通り（新宿駅北大ガード〜両国橋間）と合流し、市ケ谷見附交差点までのわずかな距離が両通りの重複区間となる。都電⑩系統（渋谷駅前〜須田町）と⑫系統（新宿駅前〜両国駅前）は靖国通りを進むため、市ケ谷見附交差点で右折して中央線市ケ谷駅、靖国神社方面に向う。写真は高層の縦型ビルが建ち並ぶ前の市ケ谷見附付近の外堀通りをゆく都電。右側は市ケ谷濠に面している。後ろのバスは旧塗装時代の「はとバス」。◎市ケ谷見附　1967（昭和42）年11月3日　撮影：小川峯生

〔迂回区間〕四谷見附交差点を右折して四谷三丁目、信濃町方向に進む渋谷駅前行き⑩系統の6000形
外堀通りから新宿通り（国道20号線、甲州街道）に右折中の光景である。右下が国鉄（ＪＲ）中央線の四ツ谷駅。右奥が同駅を跨いでいる四谷見附橋。手前背後に迎賓館がある。四ツ谷駅周辺は繁華な街だが、切通しを走る中央線からは見えない。やはり都電やバスの窓から最もよく街の様子が把握できた。◎四谷見附交差点　1966（昭和41）年3月21日　撮影：日暮昭彦

〔迂回区間〕雪の日の四ツ谷見附と渋谷駅前に向う⑩系統の7000形
市ケ谷見附から四谷見附に到着した渋谷駅前行き。国鉄四ツ谷駅前でもあるので、乗降客は多い。雪の日には都電への絶大な信頼があり、利用客が多かった。スリップする自動車を避ける人がまだ多い時代だった。奥のビルは雪印乳業の本社。
◎四谷見附　撮影：小川峯生

〔迂回区間〕**本塩町～市ケ谷見附ですれ違う⑩系統の7500形左と6000形右**
外堀通りの情景で、高力坂の中間。7500形は渋谷駅前行き、6000形は須田町行き。奥の大型ビルは雪印乳業（現・雪印メグミルク）の本社ビル。左手には市ケ谷濠を一部埋めた外濠公園が広がる。撮影日が文化の日だったので、車体の四隅に国旗を掲げている。この小旗には人気があった。◎本塩町付近　1967（昭和42年）11月3日　撮影：小川峯生

〔迂回区間〕**市ケ谷見附から四谷見附交差点を目指して高力坂（こうりきざか）を上ってきた渋谷駅前行き⑩系統の7500形**
外堀通りの本塩町（ほんしおちょう）～四谷見附間のスナップ。外濠沿いの低地から外濠公園（市ケ谷濠の一部埋立地）に沿う高力坂を上ってきたところで、手前側の背後に四谷見附交差点がある。四谷見附～市ケ谷見附間は③系統（品川駅～飯田橋）、⑫系統（新宿駅前～両国駅前）の通り道で、そこへ迂回運転の⑩系統（渋谷駅前～須田町）が割り込んだ形になった。が、従来の700、2000、3000、5000、6000、7000、8000形に加えて青山庫の7500形が顔を見せるようになって、一段と都電の楽しさが味わえる区間となった。◎四谷見附付近　撮影：小川峯生

〔迂回区間〕本塩町〜市ケ谷見附間を須田町に向う⑩系統の7000形　前方に市ケ谷濠と中央線の複々線区間の線路が見える。右手は外濠公園に通じている。対岸は麹町のオフィス、文教住宅地。この地点（高力坂）から外堀通りを行く都電は外濠を眺めながら美しい景観の中を走る。◎本塩町〜市ケ谷見附間　1967（昭和42）年11月3日　撮影：小川峯生

〔迂回区間〕国鉄（JR）中央線市ケ谷駅前から見た市ケ谷見附を須田町に向う⑩系統の7500形
中央線は下を潜っていて、道路の下に中央・総武緩行線の島式ホーム1本がある。簡素な駅だが、周辺は昔から品格と活気があった。ここを走る都電は本来⑫系統（新宿駅前〜両国駅前）だけだったが、迂回運転で⑩系統が加わったため、本数が増えて賑やかになった。すぐ左に曲って九段上の靖国神社方面に向うが、駅前が狭くて広場も無く、すぐ左折の急カーブを控えているため、都電に駅前停留場は無かった。都電の市ケ谷見附停留場は左下の外堀通りとの分岐点にあった。
◎市ケ谷駅前　1965（昭和40）年2月13日　撮影：小川峯生

〔迂回区間〕九段上から下ってきた市ケ谷駅前へのカーブを曲り、渋谷駅前に向う⑩系統の7500形
靖国通りの一口坂を下りきると、急カーブとかなりの勾配で市ケ谷見附停留場に到達する。市ケ谷周辺はオフィスビルのほか、一歩入ると大学、私立中学・高校が多く、国電も都電も高校生（特に女子高生）の利用が多かった。◎市ケ谷見附　撮影：小川峯生

〔迂回区間〕市ケ谷見附から靖国通りの一口坂を上り、九段上に向う⑩系統の8000形
坂の途中、市ケ谷見附からは一口坂、九段三丁目、九段上と進む。このうち風変りな一口坂は、江戸時代には「いもあらいざか」と読んでいたが、明治以降、地方からの移住者が増えて難読地名が読めず、文字通りに「ひとくちざか」になった。「いも」とは悪性の感染症を指し、その邪気を払う意味があったという。一口坂から九段上にかけては小企業と地味な商店街が続いていたが、現在はオフィスや飲食店のビルが林立している。◎市ケ谷見附付近　1967（昭和42）年11月3日　撮影：小川峯生

〔迂回区間〕外堀通りから靖国通りに右折する⑩系統の電車
中央の縦の道が靖国通り。濠に沿って横に通る道が外堀通り。奥の高台が市ケ谷台。
かつての武家屋敷跡が高級住宅、企業の用地などになっている。左の樹木の群は亀岡
八幡宮。靖国通りの左側の外濠は市ケ谷濠で、ボート乗り場が見える。右側の外濠は
新見附濠で、靖国通り下には釣堀が見える。写真手前側は道路下が国鉄（ＪＲ）の市ケ
谷駅。靖国通りは駅前で左折して九段上に向う。⑩系統の迂回運転のラスト区間であ
る。現在、この角度からの眺めは高層ビルが林立する都心部そのものの光景である。
◎市ケ谷見附　1967（昭和42）年11月3日　撮影：小川峯生

〔迂回区間〕靖国神社南門前の九段上停留場から須田町方面に進む⑩系統の7000形
一口坂電停からさらに坂を上り詰めると九段上の停留場である。⑩系統の迂回運転はここまでで、これより須田町までは本来の
コースに戻る。戦中には靖国神社横を行く市電（都電）の車内では通過時に車掌の合図で黙禱が行われていた。戦後は自由になっ
たが、神社の一帯には今も荘厳な雰囲気がある。靖国神社の南側はかつて花街もあったが住宅地で、現在はオフィス・商業ビル、
大学、マンションなど。北側は文教地区で、都立高校、私立の中学・高校が集まっている。
◎九段上　1968（昭和43）年　撮影：日暮昭彦

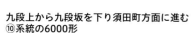

**九段上から九段坂を下り須田町方面に進む
⑩系統の6000形**
九段坂は武蔵野台地の末端崖線の一部で、
高低差14m。坂を下れば下町・神田の各町
が広がる。左のビルは1936（昭和11）年竣
工の都内初の高級マンションだった野々宮
アパート。連合軍総司令部（ＧＨＱ）接収解
除後の撮影時には日本債券信用銀行になっ
ていたが、外観は原型を留めていた。２度
の改築を経て現在は複合ビルの「北の丸ス
クエア」になっている。右の和風の屋根付
きビルは1934（昭和９）年竣工の旧軍人会
館（後の九段会館）。在郷軍人会が建設した
帝冠様式のビルで、戦後ＧＨＱに接収され
たが、1957（昭和32）年に返還され、遺族会
が運営してきた。老朽化で2011（平成23）
年に閉鎖、東急不動産の手で一部を保存し
た高層ビルに改築中で、2022（令和４）年の
竣工予定となっている。◎九段上　1957（昭
和32）年３月12日　撮影：小川峯生

九段坂、専修大前、神保町を経て駿河台下を渋谷駅前に向う⑩系統の7000形　九段坂を下ると古書店・新刊書店が並ぶ神保町を通り抜ける。書店の他に飲食店、居酒屋、カフェも多く、撮影当時は学生の姿が多かった。駿河台下にはスポーツ用品店、出版社も多く、交差点では戦争末期に廃止となった御茶ノ水～錦町河岸間の廃線跡（境界縁石が残る）と交差していた。反対に専修大前の交差点では小石川橋／飯田町一丁目～一ツ橋、大手町を結ぶ計画路線の境界縁石が交差していた。下町地区には関東大震災後の道路整備の際、軌道敷の権利取得のため、市電の計画路線（案だけの路線も含む）の境界縁石を前もって敷設した道路が多かった。後方の電車は⑫新宿駅前行きの6000形。◎駿河台下　1962（昭和37）年6月20日　撮影：小川峯生

都電にとっては靖国神社前に相当する「九段上」停留場に停車中の⑩系統須田町行きの7000形
右の鳥居は南門にあたる位置にあるが、靖国通りに面しており、内堀通りとの合流点にも近いので参拝客の利用も多い。駐車場もこの近くにあり、貸切バスの発着も多い。元々は⑪系統（新宿駅前〜両国駅前）だけが通っていて、⑩系統（渋谷駅前〜須田町）との合流点だったが、⑩の迂回運転により利便性は増していた。◎九段上　1968（昭和43）年8月24日　撮影：荻原二郎

九段坂下の停留場に到達した⑩系統の須田町行き6000形
目白通りとの分岐点で、⑮系統（高田馬場駅前〜洲崎）が合流していた。坂の上の建
物は、手前の大型ビルが旧・野々宮アパートの跡に建った日本債券信用銀行（現・あ
おぞら銀行）で、2006（平成18）年に高層ビルに改築して「北の丸スクエア」となった。
坂上の大きいビルは旧陸軍将校の集会所「偕行社」跡に建った住宅都市整備公団（後
の都市基盤整備公団／ＵＲ都市機構）で、東京理科大学のキャンパスを経て現在はオ
フィスビルの「九段坂上ＫＳビル」になっている。坂の上の正面が靖国神社である。
◎九段下　1968（昭和43）年8月24日　撮影：荻原二郎

**終点の須田町で乗客を降した
⑩系統の6000形**
ぞろぞろと安全地帯に降り立った乗客の
面々。商業地区らしい人達の利用状況がわ
かる。洋装生地、羅紗の専門店の多いこと
が須田町の特色だった。現在は背の高いビ
ルに改築され、このような街並みは見られ
ない。◎須田町　1968（昭和43）年8月24
日　撮影：小川峯生

駿河台下、小川町、淡路町を経て須田町に到達した⑩系統の7500形
九段下から須田町までの間は戦災に遭わなかった街が多かったため、関東大震災後に建設されたビルや中小の企業、個人商店が健在だった。特に目立ったのが看板建築と呼ばれた銅板張りの３階建て（実際は２階建て＋屋根裏部屋が多かった）が並び、その間にビルの建つ光景だった。写真の協和銀行（現・りそな銀行）まで来ると須田町交差点の電停は目の前だった。須田町は都電の要衝で10本の系統が集まって活気があり、須田町の街並みには衣料品店（羅紗専門店が多かった）が並んでいた。◎須田町　1968（昭和43）年８月24日　撮影：小川峯生

あとがき

　第1巻の①〜⑤系統に続いて、第2巻では⑥〜⑩系統を取上げた。山の手と都心部、下町を結ぶ路電が主体で、山の手のエリア内で完結する系統は無く、ほんの少し下町に顔を出す系統が⑥⑦系統だった。山の手の城南地区は地下鉄が整備されるまでは都電王国で、山手線の内側で移動するには都電、都バス、一部民営バスに頼るほかは無かった。それだけに生活に密着した路線ばかりで、下町とは雰囲気は異なるが都電の良き時代が残されていた。本巻も美しい写真を撮影された各位の意図が生かされていれば幸いである。第3巻の⑪〜⑮系統にはまた別の地域の世界が広がる。ご期待を乞うておく。

2020（令和2）年1月　　　三好好三

三好好三（みよし よしぞう）

1937(昭和12)年12月、東京市世田谷区豪徳寺生れ。1950(昭和25)年9月以降は武蔵野市吉祥寺、1981(昭和56)年9月以降は小金井市に居住。国学院大学文学部卒、高校教諭を経て鉄道読み物執筆を続ける。主な著書は「鉄道ライバル物語 関東vs関西」「昭和30年代バス黄金時代」「中央線 街と駅の120年」「中央線オレンジ色の電車今昔50年」「近鉄電車」（以上JTBパブリッシング）、「昭和の鉄道」（小学館）、「よみがえる東京 都電が走った昭和の街角」（学研パブリッシング）、「京王線・井の頭線 昭和の記憶」（彩流社）、「常磐線 1960年代〜90年代の思い出アルバム」（アルファベータブックス）など多数。

【写真撮影】

江本廣一、小川峯生、荻原二郎、髙井薫平、田尻弘行、日暮昭彦、朝日新聞社

発掘写真で訪ねる
都電が走った東京アルバム 第2巻（6系統〜10系統）

発行日………………2020年1月24日　第1刷　　※定価はカバーに表示してあります。

著者………………三好好三
発行人………………高山和彦
発行所………………株式会社フォト・パブリッシング
　　　　　　　　　　〒161-0032　東京都新宿区中落合2-12-26
　　　　　　　　　　TEL.03-5988-8951 FAX.03-5988-8958
発売元………………株式会社メディアパル
　　　　　　　　　　〒162-8710　東京都新宿区東五軒町6-24
　　　　　　　　　　TEL.03-5261-1171 FAX.03-3235-4645
デザイン・DTP………柏倉栄治（装丁・本文とも）
印刷所………………株式会社シナノパブリッシングプレス

ISBN978-4-8021-3170-4 C0026